中华人民共和国行业推荐性标准

公 路 勘 测 细 则

Guidelines for Highway Survey

JTG/T C10—2007

主编单位:中交第一公路勘察设计研究院
批准部门:中华人民共和国交通部
实施日期:2007 年 07 月 01 日

人民交通出版社

2007·北京

图书在版编目（C I P）数据

公路勘测细则：JTG/T C10—2007/中交第一公路勘察设计研究院主编．—北京：人民交通出版社，2007.6
ISBN 978－7－114－06572－9

Ⅰ．公… Ⅱ．中… Ⅲ．道路工程－勘测－规则 Ⅳ．U412.2－65

中国版本图书馆 CIP 数据核字（2007）第 073134 号

中华人民共和国行业推荐性标准
公路勘测细则
JTG/T C10—2007
中交第一公路勘察设计研究院　主编
人民交通出版社出版发行
（100011　北京市朝阳区安定门外外馆斜街 3 号）
各地新华书店经销
北京市密东印刷有限公司印刷
开本:880×1230　1/16　印张:10　字数:205 千
2007 年 6 月　第 1 版
2023 年 4 月　第 6 次印刷
定价:42.00 元
ISBN 978-7-114-06572-9

中华人民共和国交通部公告

2007 年第 14 号

关于发布《公路勘测细则》（JTG/T C10—2007）的公告

现发布《公路勘测细则》（JTG/T C10—2007），自 2007 年 7 月 1 日起施行，作为公路工程行业推荐性标准，在公路行业内自愿采用。

该细则的管理权和解释权归交通部，日常解释和管理工作由主编单位中交第一公路勘察设计研究院负责。请各有关单位在实践中注意总结经验，执行中有何问题，请函告中交第一公路勘察设计研究院，以便修订时研用。

特此公告。

中华人民共和国交通部

二〇〇七年四月十三日

主题词：发布　公路　细则　公告

交通部办公厅　　2007 年 4 月 18 日印发

前　言

根据交通部办公厅《关于下达2002年度公路工程标准制修订项目计划的通知》(厅公路字〔2002〕220号)要求,由中交第一公路勘察设计研究院主持并成立编写组,配合《公路勘测规范》修编,编写《公路勘测细则》。

《公路勘测细则》主要内容为具体勘测作业方法、作业规定等,是行业标准《公路勘测规范》的细化和补充,为行业推荐性标准,供作业时参考。本细则中包含的《公路勘测规范》中的有关精度要求、勘测规定等方面的内容,是保证公路勘测质量的基础,必须严格执行。

《公路勘测细则》共十章,分别为:总则、术语符号、测量标志与测量记录、控制测量、地形图测绘、航空摄影测量、数字地面模型、初测、定测和一次定测。

主 编 单 位:中交第一公路勘察设计研究院
参 编 单 位:中交第二公路勘察设计研究院
吉林省公路勘测设计院
湖南省交通规划勘察设计院
江苏省交通规划设计院
武汉中咨测设工程技术有限公司
武汉大学
主要起草人:黄文元　汪双杰　党建军　王守彬　彭建国
胡　珊　贾康权　严治河　罗满良　杨厚波
单永森　王新洲

目　录

1　总则

1.0.1　为有效地配合《公路勘测规范》(JTG C10—2007)的实施,保证公路勘测质量,编写本细则。

1.0.2　本细则适用于各等级公路项目设计阶段的勘测。

1.0.3　各设计阶段当进行同等深度方案比较时,应进行同等深度勘测。

1.0.4　公路勘测当采用新技术和新方法时,应满足《公路勘测规范》(JTG C10—2007)规定的精度要求。

1.0.5　本细则以中误差作为衡量测量精度的指标,以2倍中误差为极限误差。

1.0.6　各种勘测仪器必须按计量规定进行检定。

2 术语、符号

2.1 术语

2.1.1 控制测量

1 首级控制网 first control survey network

为建立路线控制网而施测的覆盖全路线的高等级控制测量网。

2 路线控制网 control survey network of highway

为满足公路路线测量而建立的控制测量网。

3 工点控制网 control survey network of structural buildings

为满足桥、隧、交叉以及其他工点设计需要而建立的控制测量网。

4 控制测量桩 stake for control measure

控制测量的 GPS 点、三角点、导线点、水准点以及特大型桥隧控制桩。

5 点之记 record for points of control measure

控制测量桩位置的记录表格。

6 子午线 meridian

通过地面某点并包含地球南北极点的平面与地球椭球的交线,也称子午圈。

7 中央子午线 central meridian

地图投影中各投影带中央的子午线。

8 高斯平面坐标系 Gauss-Krueger plane rectangular coordinate system

根据高斯-克吕格投影法则投影于某一高程面上所建立的一种平面直角坐标系,其原点是中央子午线与赤道的交点,以中央子午线为 X 轴,赤道为 Y 轴。

9 独立坐标系 independent coordinate system

任意选定原点和坐标轴,其投影面为固定基准面的平面直角坐标系。独立坐标系是相对于国家统一坐标系而言的,以测区中某一经度线作为中央子午线,以测区某一高程面作为投影面而建立的平面直角坐标系。用该坐标系建立的控制网可与国家坐标系进行换算。

10 假定坐标系 assumed coordinate system

任意假定原点、坐标轴方向,长度不经过投影变形改正的平面直角坐标系。一般是假定一个点的坐标(不要使测区出现负值坐标)及一条边的方位角,在测量平面上直接计算的平面直角坐标系。

11 三角测量 triangulation network

在地面上选定一系列点，构成连续三角形，测定三角形各顶点水平角，并根据起始边长、方位角和起始点坐标，经数据处理确定各顶点平面位置的测量方法。

12　三边测量 trilateral network

测量三角形的边长，并根据起始点坐标，经数据处理确定各顶点平面位置的测量方法。

13　GPS测量 global positioning system

通过接收卫星发布的定位信息，求定测站点空间坐标的方法。

14　三角高程测量 trigonometric leveling

根据已知点高程及两点间的垂直角和距离（或高差）确定所求点高程的方法。

15　检测 check survey

采用某种测量手段对平面、高程控制测量点进行测量，以检查原控制测量网的精度或确认原控制测量桩是否被移动的活动。

16　复测 repeating survey

采用与原测量同精度的测量方法对原有平面、高程控制测量网进行测量，并重新平差计算提供新的测量成果的活动。

17　测距中误差 mean square error of distance measurement

对一段距离进行多次测量，按中误差计算公式计算的距离中误差。

18　点位中误差 mean square error of a point

控制测量中某一控制点相对于最近已知点的位置中误差。

19　相对中误差 relative mean square error

观测值中误差与相应最或是值之比。

20　边长相对中误差 relative mean square error of side length

边长中误差与相应边长之比。

21　相邻点间相对中误差 relative mean square error of adjacent points

控制测量中两个相邻控制点间相对位置的中误差。

2.1.2　地形图测绘

1　地形图勾绘 outline drawing of relief map

利用中线、实测横断面等资料，对路线范围内的地形图进行绘制，其余部分概略绘制的地形图测绘方法。

2　地形图数字化 digitalizing or relief map

将纸质地形图的各要素以数字形式表示的过程。

3　地形图修测 modifying survey of relief map

修改原地形图中地形、地物已发生变化部分的测量活动。

4　补测 supplement survey

由于原地形图的测绘范围不够或控制点被损坏等进行的补充测量活动。

2.1.3 航空摄影测量

1 摄影测量 photogrammetry

利用摄影影像信息测定目标物的形状、大小、空间位置、性质和相互关系的科学技术。

2 航空摄影比例尺 aerial photo scale

摄影仪焦距与摄影航高之比。

3 摄影基线 photographic baseline

相邻两摄影中心的距离。

4 摄影航高 photographic flying height

飞机相对于摄影区域平均基准面的高度。

5 航摄漏洞 aerial photographic gap

航空摄影中,底片上局部没有影像或重叠度不符合要求的现象。

6 航向重叠 longitudinal overlap

航空摄影中,航线内相邻像片上具有规定的同一地面影像的部分,也称纵向重叠。

7 旁向重叠 lateral overlap

航空摄影中,相邻航线内的相邻像片上具有规定的同一地面影像的部分,也称横向重叠。

8 像片旋角 swing angle

在像片平面内,像片坐标轴绕主光轴旋转的角度。

9 像主点 principal point of photograph

摄影物镜后节点在像片平面上的投影。

10 像片基线 photo baseline

立体像对上两相邻像片像主点间的距离。

11 同名像点 corresponding image points

同一目标在相邻像片上的像点。

12 像片控制点 control point of photograph

直接为摄影测量加密或测图需要,在实地测定坐标和高程的控制点,简称像控点。

13 像片控制测量 control surveying of photograph

为获得像片控制点的平面坐标和高程而进行的实地测量工作。

14 像片调绘 annotation

利用像片进行判读、调查、绘、注有关地理要素工作的总称。

15 解析空中三角测量 analytical aerial triangulation

航空摄影测量中,根据像点和单元模型的模型点坐标同相应地面点坐标的解析关系,或每两条同名光线共面的解析关系,借助于电子计算机构成摄影测量网进行平差计算的空中三角测量。

16 内定向 interior orientation

恢复像片摄影时内方位的过程。

17 相对定向 relative orientation

根据同名光线共面的原理恢复或确定像对中左、右片在摄影瞬间的相对关系的过程。

18　绝对定向 absolute orientation

根据像控点确定立体模型比例尺和在地面坐标系中所处方位的过程。

19　数字化测图 digitized mapping

将像片影像或摄影测量模型进行数字化、采样并记入磁介质,由计算机屏幕编辑,用数控绘图仪绘图的方法。

20　正射影像图 orthophoto

将航摄影像或遥感图像的微小面积作为纠正单元,通过纠正单元对像片倾斜和地形起伏引起的像点位移进行纠正的影像图。

21　正射影像地形图 orthophotomap

绘有等高线的正射影像图。

2.1.4　数字地面模型

1　数字地面模型 digital terrain model (DTM)

在坐标系中以一系列离散点和规则点表示地面形态特征的数据集合。

2　数据采集 data collection

将空间位置信息和属性信息转换为数字信息的过程。

3　内插 interpolation

根据一系列数据点上的某些信息,求出位于这些点范围内其他点信息的方法。

2.1.5　公路勘测

1　公路勘测 highway reconnaissance

采用测量、调查等手段,采集、搜集路线所经过地区的社会现状、经济发展、人文景观、地形、地质、气象等资料,进行必要的计算、绘制图表,以取得满足公路设计需要的空间数据、信息,并根据要求提供相应勘测成果的活动。

2　路线控制桩 stakes for control line

路线起终点桩、公里桩、曲线要素桩、交点桩、转点桩、断链桩等。

3　标志桩 stakes for center line and indication

路线中桩和指示桩。

4　中线 center line

公路线形设计中定出的公路中心线。

5　纸上定线法 plotting on the paper

在地形图上选定路线方案的方法。

6　现场定线法 plotting in the work field

现场选定公路中线和交点,从而确定路线方案的方法。

7　拨角法放线 demarcating line by measuring angle

根据纸上定线结果,利用计算的各线段的距离、方向、交角等资料,在现场通过拨角、量距的方法,或利用线位与控制点之间的关系定出路线的转点和交点。

8 支距法放线 demarcating line by measuring branch distance

采用量取支距的办法放出路线上的特征点,通过穿线定出路线交点和转点。

9 直接定交点法 demarcating line by intersect point

利用图纸上和地面上明显特征点的位置,直接在现场定出路线交点。

10 GPS RTK(real time kinematics)

GPS 测量的一种作业模式,是在基准站上安置一台 GPS 接收机,对所有可见卫星进行连续观测,并将其观测数据通过无线电传输设备实时发送给流动站。在流动站上,GPS 接收机在接收 GPS 卫星信号的同时,通过无线电接收设备,接收基准站传输的数据,然后根据相对定位的原理,实时计算并显示流动站的三维坐标和精度。

11 基准站 reference station

在一定的观测时间内,一台或几台 GPS 接收机分别固定在一个或几个测站上,一直保持跟踪卫星,其余接收机在这些测站的一定范围内流动设站作业,这些固定测站就称为基准站。

12 流动站 mobile station

以基准站为中心的一定范围内流动作业的 GPS 接收机所设立的测站。

2.2 测量符号

公路测量符号宜采用汉语拼音字母,有特殊要求时可采用英文字母。一个公路项目应使用同一种表示形式。测量符号宜参照表 2.2.0 执行,控制测量的等级宜添加于测量符号之后。

表 2.2.0 公路测量符号和图式

名 称	汉语拼音或我国习惯符号	英文符号	图 式	备 注
三角点	SJ	TAP	△	
GPS 点	G	GPS	▲	
导线点	D	TP	■	
水准点	BM	BM	⊗	
图根点	T	RP	□	
横坐标	X	X		
纵坐标	Y	Y		
高程	H	EL		
方位角	α	α		在 α 后以下标形式表示其方向
东	E	E		
西	W	W		
南	S	S		
北	N	N		
左	L	L		(左)

续上表

名　称	汉语拼音或我国习惯符号	英文符号	图　式	备　注
右	R	R		（右）
交点	JD	IP		（交点）
转点	ZD	TMP		（转点）
圆曲线起点	ZY	BC		（直圆点）
圆曲线中点	QZ	MC		（曲中点）
圆曲线终点	YZ	EC		（圆直点）
路线起点	SP	SP		
路线终点	EP	EP		
复曲线公切点	GQ	PCC		（公切点）
反向平曲线点	FGQ	PRC		（反拐点）
第一缓和曲线起点	ZH	TS		（直缓点）
第一缓和曲线终点	HY	SC		（缓圆点）
第二缓和曲线起点	YH	CS		（圆缓点）
第二缓和曲线终点	HZ	ST		（缓直点）
变坡点	SJD	PVI		（竖交点）
竖曲线起点	SZY	BVC		（竖直圆点）
竖曲线终点	SYZ	EVC		（竖圆直点）
竖曲线公切点	SGQ	PCVC		（竖公切点）
反向竖曲线公切点	FSGQ	PRVC		（反竖拐曲点）
比较线标记、匝道标记	A、B、C…	A、B、C…		冠于比较线、匝道里程桩号和控制点编号前
公里标记	K	K		
左偏角	$\alpha_{左}$	α_L		
右偏角	$\alpha_{右}$	α_R		
曲线长	L	L		包括圆曲线长、缓和曲线长
圆曲线长	L_Y	L_C		$L_{圆}$
缓和曲线长	L_S	L_h		
平、竖曲线半径	R	R		
平、竖曲线切线长	T	T		包括设置缓和曲线所增加的切线长
平、竖曲线外距	E	E		平曲线外距包含设置缓和曲线所增外距
缓和曲线角	β	β		
缓和曲线参数	A	A		

续上表

名　称	汉语拼音或我国习惯符号	英文符号	图 式	备　注
校正值(两切线长与曲线长度的差值)	J	D		含设置缓和曲线所引起的变化
改线、改移、差错改正	G	R		冠在里程桩号前
超高值	h_c	h_s(或 e)		
超高缓和长度	l_c	l_r		
加宽缓和长度	l_j	l_w		
路基宽度	B	B		
路基加宽度	B_j	B_w		
路面加宽度	b_j	b_w		
流量	Q	Q		
流速、设计速度	v	v		
设计水位	SW	DWL		(设位)
历史最高洪水位	GW	HWL		(高位)
多年平均洪水位	PW	MFL		(平位)
历史最高流冰水位	BW	HIWL		(冰位)
历史最高潮水位	CW	HTWL		(潮位)
通航水位	HW	NWL		(航位)
普通水位	TW	OWL		(通位)
测量时水位	LW	SWL		(量位)
地下水位	DW	UWL		(地位)
设计高程	DEL	DEL		
用地界	YDJ	R/W(ROW)		(用地界)
面积	A	A		
填高	T	F		(填)
挖深	W	C		(挖)
填面积	A_T	A_F		
体积	V	V		
长	L	L、l		
宽	B、b	B、b		
高	H、h	H、h		
厚	d、δ	d、δ		
直径	D、ϕ	D、d		
半径	R、r	R、r		

3 测量标志与测量记录

3.1 测量标志

3.1.1 测量标志分类

1 测量标志分为控制测量桩、路线控制桩和标志桩三种。

2 控制测量桩主要用于控制测量的 GPS 点、三角点、导线点、水准点，以及特大型桥隧控制桩等。

3 路线控制桩是指路线起终点桩、公里桩、曲线要素桩、交点桩、转点桩、断链桩等。

4 标志桩是指路线中线桩和控制桩的指示桩。

3.1.2 测量标志要求

1 控制测量桩应采用混凝土，亦可采用不易破碎的石材或其他具有较高强度的材料制成，测量控制点的标石可按要求预制或现场浇制，尺寸规格应符合附录 A 的规定。

2 重要的构造物控制网，其控制点标志的大小、高度、结构，应视构造物的精度要求、当地的地质情况、通视情况具体确定，标志规格应使桩位具有足够的稳定性，必要时应埋至弱风化层，并采用强制对中装置。

3 各级控制测量桩必须设有中心标志。中心标志宜采用具有中心记号的铸铁，亦可采用直径不小于 14mm 的钢筋制作。平面控制测量桩钢筋头表面应锉平并刻成细小、清晰的十字线，其露出标石表面的高度应为 2 ~ 5mm；高程控制测量桩的中心标志顶端应圆滑，应采用球形中心标志或锉平表面的钢筋。

4 不同的控制测量桩可以共用，但必须满足各自的埋设和作业要求，标志高、上顶面长和宽、下底面长和宽以其中规格要求较高者为准。

5 路线控制桩同时作为控制测量桩使用时，应使用水泥混凝土进行护桩，同时应设置指示标志。

6 路线控制桩应采用断面不小于 5cm × 5cm、长度不小于 30cm 的木质桩。

7 标志桩应采用断面不小于 5cm × 1.5cm、长度不小于 30cm 的木质或竹质桩。

3.1.3 桩志埋设

1 控制测量桩

1)控制测量桩应埋设在基础稳定、易于长期保存的地点。埋设时，应使其具有足够的稳定性。控制测量桩高出地面的部分不得超过 5cm。

2)控制测量桩埋设时坑底应填以砂石,并捣实或现浇厚度20cm以上的混凝土,地表应在控制测量桩周围现浇厚度5cm以上、控制桩以外宽度10cm以上的混凝土。埋设的控制测量桩应待沉降稳定后方可使用。

3)冻土地区,季节冻土层以下桩志的高度应大于标准高度的2/3,并应在位于季节冻土层段的桩志周围包裹防水材料。

4)控制测量桩位于岩石或固定建筑物上时,应将表面凿毛、冲洗干净后,在其上浇注混凝土并埋入中心标志,其顶部外形尺寸应与相应标志相符,混凝土的高度应大于20cm。

5)控制测量桩位于沙丘和土层松软地区时,应增加桩志尺寸和基坑底层现浇混凝土的面积和厚度,直至具有足够的稳定性。

6)利用原有控制测量桩时,应确认该点标石完好,并符合相应控制测量桩的规格和埋设要求。

2　路线控制桩

1)路线控制桩顶面宜与地面齐平,并加设指示桩。路线控制桩的木质方桩顶面应钉小钉,表示点位。

2)路线控制桩位于岩石或建筑物上时,可用油漆标记。柔性路面地段可用钢筋打入路面且与路面平齐。

3)路线控制桩应具有较高的稳定性,不得随意搁置于地表。

3　标志桩

1)标志桩打入地下的长度应大于15cm。当标志桩作为指示桩时,应钉设在被指示的桩志附近。

2)标志桩位于岩石或建筑物上时,可用油漆标记。柔性路面地段可用铁钉打入路面且与路面平齐。

3)标志桩应具有一定的稳定性,不得随意搁置于地表。

3.1.4　桩志书写

1　控制测量桩应在其标石表面刻制或用红色油漆标注点名(号)。

2　控制测量的等级可分别以“A”、“B”、“C”、“D”表示“一等”、“二等”、“三等”、“四等”;以“E”表示平面控制点的“一级”、高程控制点的“五等”;“F”表示平面控制点的“二级”。

3　路线控制桩、标志桩宜采用油漆或记号笔书写桩号、标注中心位置;当路线控制桩作为控制测量桩使用时,中心记号应细小、清晰且牢固。

4　路线控制桩、标志桩位于岩石、建筑物或路面上时,应将其表面清理干净,在点位的旁边书写桩号。

5　控制测量桩、路线控制桩和标志桩应按起、终点方向顺序连续编号。中线桩的背面宜按0~9循环编号。

6　分离式路基测量,其左、右侧路线桩号前应冠以左、右字母符号,并应以前进方向右侧路线为全程连续计算桩号。

7　有比较方案时,按比较方案的顺序,桩号前应冠以A、B……字样。

8　路线控制桩应在附近的建筑物、电线杆、大树、岩石等固定物上标明指示方向及距离，并填写固定桩志表，亦可采用堆土、石或混凝土包桩方式予以保护。

9　公路测量符号宜采用汉语拼音，有特殊要求时可采用英文字母。

3.2　测量记录

3.2.1　桩志记录

1　控制测量桩应填写点之记，并应在现场填绘。

2　当路线控制桩作为控制测量桩使用时，应填写固定桩志表。

3.2.2　勘测记录

1　原始数据和记事项目应现场记录，字迹应清楚、整齐，不得涂改、擦改和转抄。外业手簿应进行编号并不得撕页。

2　当记录发生错误时，应按下述条款进行处理：

1)角度记录中的分位、距离和水准记录中的分米位的读记错误可在实地更改，但角度测量同一方向的盘左和盘右、距离测量的往返值、水准测量的基辅值和前后读数值不能同时更改相关数字。

2)角度记录中的秒位、距离和水准记录中的厘米及厘米以下位数不得涂改，必须重测。

3)允许改正的内容应用横道线整齐画去错误的记录，在其上方重新记录正确的数值，并在备注栏注明原因。

3　记录簿中所规定的项目应记录齐全，说明及草图应现场完成，做到精练、准确。

4　测量结束后，应及时整理、检查计算是否正确，成果是否符合各项限差及技术要求，经复核无误并签署后，方能交付使用。

5　测量完毕后，各种记录簿应编目、整理，并由测量、复核及主管人员签署，按规定归档、保存。

6　公路勘测的各种记录，应采用专用记录簿，记录簿必须编排页码，严禁撕页。采用电子设备记录时，打印输出的内容应具有可查性。格式和内容可参照附录B执行。

4 控制测量

4.1 平面控制测量

4.1.1 一般规定

1 平面控制网的布设应符合因地制宜、技术先进、经济合理、确保质量的原则。

2 路线平面控制网宜全线贯通、统一平差。

3 平面控制测量应采用 GPS 测量、导线测量、三角测量或三边测量方法进行,路线平面控制测量宜采用导线测量方法进行。

4 各级平面控制测量,其最弱点点位中误差均不得大于 ± 5cm,最弱相邻点相对点位中误差均不得大于 ± 3cm,最弱相邻点边长相对中误差不得大于表 4.1.1-1 的规定。

表 4.1.1-1 平面控制测量精度要求

测量等级	最弱相邻点边长相对中误差	测量等级	最弱相邻点边长相对中误差
二等	1/100 000	一级	1/20 000
三等	1/70 000	二级	1/10 000
四等	1/35 000		

5 各级公路及桥梁、隧道平面控制测量的等级不得低于表 4.1.1-2 的规定。

表 4.1.1-2 平面控制测量等级选用

高架桥、路线控制测量	多跨桥梁总长 L(m)	单跨桥梁 L_K(m)	隧道贯通长度 L_G(m)	测量等级
—	$L \geqslant 3\ 000$	$L_K \geqslant 500$	$L_G \geqslant 6\ 000$	二等
—	$2\ 000 \leqslant L < 3\ 000$	$300 \leqslant L_K < 500$	$3\ 000 \leqslant L_G < 6\ 000$	三等
高架桥	$1\ 000 \leqslant L < 2\ 000$	$150 \leqslant L_K < 300$	$1\ 000 \leqslant L_G < 3\ 000$	四等
高速、一级公路	$L < 1\ 000$	$L_K < 150$	$L_G < 1\ 000$	一级
二、三、四级公路	—	—	—	二级

6 特殊结构的构造物,当对测量精度要求较高时,应根据构造物的结构和精度要求确定平面控制测量的精度。

7 构造物平面控制网应联系于路线控制网上,并应保持其本身的精度。当构造物平面控制网中检核点与路线控制测量中横坐标差异较大时,应对构造物平面控制网进行旋转。最终成果中检核点在两个网中的坐标差值不应大于 4cm。

8 选择路线平面控制测量坐标系时,应使测区内投影长度变形值小于 2.5cm/km;大型构造物平面控制测量坐标系,其投影长度变形值应小于 1cm/km。应根据上述要求并结合测区所处地理位置、平均高程等因素按下列方法选择坐标系。

1)当投影长度变形值满足要求时,应采用高斯正形投影3°带平面直角坐标系。

2)当投影长度变形值不能满足要求时,可采用:

①投影于抵偿高程面上的高斯正形投影3°带平面直角坐标系统。

②投影于1954年北京坐标系或者1980西安坐标系椭球面上的高斯正形投影任意带平面直角坐标系。

③抵偿高程面上的高斯正形投影任意带平面直角坐标系。

④当采用一个投影带不能满足要求时,可分为几个投影带,但投影分带位置不应选择在大型构造物处。

⑤假定坐标系。

9 当采用独立坐标系、抵偿坐标系时,应提供与国家坐标系的转换关系。

10 角度、长度和坐标的数字取位应符合表4.1.1-3的规定。

表4.1.1-3 角度、长度和坐标的数字取位要求

测量等级	角度(″)	长度(m)	坐标(m)
二等	0.01	0.000 1	0.000 1
三、四等	0.1	0.001	0.001
一、二级	1	0.001	0.001

4.1.2 平面控制测量技术要求

1 GPS基线测量的中误差应小于按式(4.1.2)计算的标准差,各等级控制测量固定误差 a、比例误差系数 b 的取值应符合表4.1.2-1的规定。计算GPS测量大地高差的精度时,a、b 可放宽至2倍。

$$\sigma = \pm\sqrt{a^2 + (b \cdot d)^2} \tag{4.1.2}$$

式中:σ——标准差(mm);

a——固定误差(mm);

b——比例误差系数(mm/km);

d——基线长度(km)。

表4.1.2-1 GPS测量的主要技术要求

测量等级	固定误差 a(mm)	比例误差系数 b(mm/km)
二等	≤5	≤1
三等	≤5	≤2
四等	≤5	≤3
一级	≤10	≤3
二级	≤10	≤5

2　导线测量的主要技术要求应符合表4.1.2-2的规定。

表4.1.2-2　导线测量的主要技术要求

测量等级	附(闭)合导线长度(km)	边　数	每边测距中误差(mm)	单位权中误差(″)	导线全长相对闭合差	方位角闭合差(″)
三等	≤18	≤9	≤±14	≤±1.8	≤1/52 000	$\leqslant 3.6\sqrt{n}$
四等	≤12	≤12	≤±10	≤±2.5	≤1/35 000	$\leqslant 5\sqrt{n}$
一级	≤6	≤12	≤±14	≤±5.0	≤1/17 000	$\leqslant 10\sqrt{n}$
二级	≤3.6	≤12	≤±11	≤±8.0	≤1/11 000	$\leqslant 16\sqrt{n}$

注:1.表中 n 为测站数。

2.以测角中误差为单位权中误差。

3.导线网节点间的长度不得大于表中长度的0.7倍。

3　三角测量的主要技术要求应符合表4.1.2-3的规定。

表4.1.2-3　三角测量的主要技术要求

测量等级	测角中误差(″)	起始边边长相对中误差	三角形闭合差(″)	测回数		
				DJ_1	DJ_2	DJ_6
二等	≤±1.0	≤1/250 000	≤3.5	≥12	—	—
三等	≤±1.8	≤1/150 000	≤7.0	≥6	≥9	—
四等	≤±2.5	≤1/100 000	≤9.0	≥4	≥6	—
一级	≤±5.0	≤1/40 000	≤15.0	—	≥3	≥4
二级	≤±10.0	≤1/20 000	≤30.0	—	≥1	≥3

4　三边测量的主要技术要求应符合表4.1.2-4的规定。

表4.1.2-4　三边测量的主要技术要求

测量等级	测距中误差(mm)	测距相对中误差
二等	≤±9.0	≤1/330 000
三等	≤±14.0	≤1/140 000
四等	≤±10.0	≤1/100 000
一级	≤±14.0	≤1/35 000
二级	≤±11.0	≤1/25 000

4.1.3　平面控制网的设计

1　一般要求

1)路线平面控制网的设计,应首先在地形图上进行控制网点位的选择,在其基础上进行现场踏勘并确定点位。

2)路线平面控制网,宜首先布设首级控制网,然后再加密路线平面控制网。

3)构造物平面控制网可与路线平面控制网同时布设,亦可在路线平面控制网的基础上进行。当分步布设时,布设路线平面控制网的同时,应考虑沿线桥梁、隧道等构造物测设的需要,在大型构造物的两侧至少应分别布设1对相互通视的首级平面控制点。

4)平面控制点相邻点间平均边长应参照表4.1.3-1执行。四等及以上平面控制网中相邻点之间的距离不得小于500m,一、二级平面控制网中相邻点之间的距离在平原、微丘区不得小于200m,重丘、山岭区不得小于100m,最大距离不应大于平均边长的2倍。

表4.1.3-1　相邻点间平均边长参照值

测量等级	平均边长(km)	测量等级	平均边长(km)
二等	3.0	一级	0.5
三等	2.0	二级	0.3
四等	1.0		

5)路线平面控制点宜沿路线前进方向布设,路线平面控制点到路线中心线的距离应大于50m,宜小于300m,每一点至少应有一相邻点通视。特大型构造物每一端应埋设2个以上平面控制点。

6)点位的位置应便于加密、扩展,易于保存、寻找,同时便于测角、测距及地形图测量和中桩放样。

7)构造物控制网宜布设成四边形,应以构造物一端路线控制网中的一个点为起算点,以该点到另一路线控制点的方向为起始方向,并利用构造物另一端路线控制网中的一个点为检核点。

2　GPS网的设计要求

1)点位不应选在大功率发射台或高压线附近,距离高压线不应小于100m,距离大功率发射台不宜小于400m。

2)点位应避开由于地面或其他目标反射所引起的多路径干扰的位置。

3)高度角为15°的上方,应无妨碍通视的障碍物。

4)GPS控制网应同附近等级高的国家平面控制网点联测,联测点数应不少于3个,并力求分布均匀,且能覆盖本控制网范围。当GPS控制网较长时,应增加联测点的数量。

5)同一公路工程项目的GPS控制网分为多个投影带时,在分带交界附近宜同国家平面控制点联测。

6)二、三、四等GPS控制网应采用网连式、边连式布网;一、二级GPS控制网可采用点连式布网。GPS控制网中不应出现自由基线。

7)GPS控制网由非同步GPS观测边构成多边形闭合环或附合路线时,其边数应符合表4.1.3-2的规定。

表4.1.3-2　闭合环或附合线路边数的规定

测量等级	二　等	三　等	四　等	一　级	二　级
闭合环或附合路线的边数(条)	≤6	≤8	≤10	≤10	≤10

3　三角网的布设要求

1)各等级三角网各内角宜接近60°,一般不小于30°,受限制时不应小于25°。

2)加密网可采用插点的方法。交会插点点位应在高等点组成的三角形的中心附近。同一插点各方向距离之比不得大于1:3。对于单插点至少应有3个方向测定,四等以上点应有5个交会方向;对于双插点,交会方向数应2倍于上述规定(其中包括两待定点间的对向观测方向)。

4 三边网的布设要求

1)各等级三边网的起始边至最远边之间的三角形个数不宜多于10个。

2)三边网宜布设为近似等边三角形,各三角形的内角不宜大于100°和小于30°,受限制时不应小于25°。

3)四等以上的三边网,宜在一些三角形中,以相应等级三角测量的观测精度观测1个较大的角度以资检核。

4)点位的布设应满足下列测距边的要求:

测距边应选在地面覆盖物相同的地段,不宜选在烟囱、散热塔、散热池等发热体的上空。测线上不应有树枝、电线等障碍物,测线应离开地面或障碍物1.3m以上。测线应避开高压线等强电磁场的干扰,并宜避开视线后方反射物体。

测距边的测线倾角不宜太大。若采用对向三角高程测定,则高差应小于按式(4.1.3)计算的限值。当采用水准测量测定高差时,高差的大小可不受限制。

$$h \leqslant \frac{8D}{T} \times 10^3 \tag{4.1.3}$$

式中:h——测距边两端点的高差限值(m);

D——测距边边长(m);

T——测距边要求的相对中误差分母。

5 导线测量的布设要求

1)各级导线应尽量布设成直伸形状。

2)点位的布设应符合上款测距边的布设要求。

4.1.4 观测的技术要求

1 GPS测量

1)GPS测量的主要技术要求应符合表4.1.4-1的规定。

表4.1.4-1 GPS测量的主要技术要求

项目 \ 测量等级		二 等	三 等	四 等	一 级	二 级
卫星高度角(°)		≥15	≥15	≥15	≥15	≥15
时段长度	静态(min)	≥240	≥90	≥60	≥45	≥40
	快速静态(min)	—	≥30	≥20	≥15	≥10
平均重复设站数(次/每点)		≥4	≥2	≥1.6	≥1.4	≥1.2
同时观测有效卫星数(个)		≥4	≥4	≥4	≥4	≥4
GDOP		≤6	≤6	≤6	≤6	≤6

2)GPS测量的观测要求:

①观测组必须执行调度计划,按规定的时间进行同步观测作业。

②观测人员必须按照GPS接收机操作手册的规定进行观测作业。

③天线安置在脚架上直接对中整平时，对中误差不得大于 1mm。

④每时段观测应在测前、测后分别量取天线高，2 次天线高之差应不大于 3mm，并取平均值作为天线高。

⑤观测时应防止人员或其他物体触动天线或遮挡信号。

⑥接收机开始记录数据后，应随时注意卫星信号和信息存储情况。当接收或存储出现异常时，应随时进行调整，必要时应及时通知其他接收机调整观测计划。

⑦在现场应按规定作业顺序填写观测手簿，不得事后补记。

⑧经检查所有规定作业项目全部完成，且记录完整无误后方可迁站。

⑨每日观测结束后，应将外业数据文件及时转存到存储介质上，不得作任何剔除或删改。

2　水平角观测

1)水平角观测前，应对使用的经纬仪进行检验，其结果应符合表 4.1.4-2 的要求。

表 4.1.4-2　经纬仪检验的指标要求

项　目	DJ_1	DJ_2	DJ_6
照准部旋转 180°，水准气泡读数差(格)	≤2	≤1	—
光学测微器行差与隙动差 (″)	≤1	≤2	—
照准部旋转时，仪器底座位移所产生的系统误差(″)	≤ ±0.3	≤ ±1.0	—
水平轴不垂直于竖轴之差 (″)	≤10	≤15	≤20
对点器对中误差 (mm)	≤ ±1.0		

2)水平角观测的主要技术要求应符合表 4.1.4-3 的规定。

表 4.1.4-3　水平角观测的主要技术要求

测量等级	经纬仪型号	光学测微器两次重合读数差(″)	半测回归零差(″)	同一测回中 2C 较差(″)	同一方向各测回间较差(″)	测回数
二等	DJ_1	≤1	≤6	≤9	≤6	≥12
三等	DJ_1	≤1	≤6	≤9	≤6	≥6
	DJ_2	≤3	≤8	≤13	≤9	≥10
四等	DJ_1	≤1	≤6	≤9	≤6	≥4
	DJ_2	≤3	≤8	≤13	≤9	≥6
一级	DJ_2	—	≤12	≤18	≤12	≥2
	DJ_6	—	≤24	—	≤24	≥4
二级	DJ_2	—	≤12	≤18	≤12	≥1
	DJ_6	—	≤24	—	≤24	≥3

注：当观测方向的垂直角超过 ±3°时，该方向的 2C 较差可按同一观测时间段内相邻测回进行比较。

3)水平角观测应符合以下要求：

①观测前应严格整平对中,对中误差应小于1mm;观测过程中,气泡中心位置偏离不得超过1格;气泡偏离接近1格时,应在测回间重新整置仪器。

②水平角观测方向数大于3个时应归零。各测回应均匀地分配在度盘和测微器的不同位置上。

③水平角方向观测应在通视良好、成像清晰稳定时进行。二等及以上应分2个时段施测,每一时段的测回宜在较短的时间内测完。

④在观测过程中,2倍照准差($2C$)的绝对值,DJ_1 经纬仪不得大于20″;DJ_2 型不得大于30″。

⑤当方向总数超过6个时,可分两组观测,每组方向数应大致相等,且包括2个共同方向(其中一个为共同零方向)。其共同方向之间的角值互差应不超过本等级测角中误差的2倍。

⑥当观测方向多于3个,在观测过程中某些方向的目标不清晰时,可以先放弃,待清晰时补测。一测回中放弃的方向数不得超过应观测方向数的1/3,放弃方向补测时,应在原基本测回测完后进行,可只联测零方向。如全部基本测回测完,有的方向一直没有观测过,对这些方向的观测应按分组观测处理。

⑦四等以上导线水平角观测,应在总测回中以奇数测回和偶数测回分别观测导线前进方向的左角和右角,其圆周角误差值不应大于测角中误差的2倍。

4)水平角观测不符合要求时,应按下列规定处理:

①因测回互差超限而重测时,应认真分析研究,除明显孤值外,一般应重测观测结果中最大和最小值的测回。

②$2C$ 较差或同一方向各测回较差超限时,应重测超限方向,并联测零方向。

③零方向的 $2C$ 较差或下半测回的归零差超限时,该测回应重测。

④若一测回中重测方向数超过本站方向数的1/3时,该测回应重测。重测的测回数超过总测回数的1/3时,该站应重测。

⑤因角度闭合差超限或平差计算中技术指标不能满足规定要求时,应进行认真分析,择取测站整站重测。

3　距离测量

1)三角网的基线边、测边网、一级及一级以上导线的边长,应采用光电测距仪施测。二级小三角和导线的边长测量,可采用普通钢尺进行测量。

2)光电测距仪应按表4.1.4-4选用。

表4.1.4-4　光电测距仪的选用

测距仪精度等级	每公里测距中误差 m_D(mm)	适用的平面控制测量等级
Ⅰ级	$m_D \leqslant \pm 5$	所有等级
Ⅱ级	$\pm 5 < m_D \leqslant \pm 10$	三、四等,一、二级
Ⅲ级	$\pm 10 < m_D \leqslant \pm 20$	一、二级

3)距离测量的技术要求:

①光电测距的主要技术要求应符合表4.1.4-5的规定。

表 4.1.4-5 光电测距的主要技术要求

平面控制网等级	观测次数		每边测回数		一测回读数间较差(mm)	单程各测回较差(mm)	往返较差
	往	返	往	返			
二等	≥1	≥1	≥4	≥4	≤5	≤7	$\leqslant\sqrt{2}(a+b\cdot D)$
三等	≥1	≥1	≥3	≥3	≤5	≤7	
四等	≥1	≥1	≥2	≥2	≤7	≤10	
一级	≥1	—	≥2	—	≤7	≤10	
二级	≥1	—	≥1	—	≤12	≤17	

注:1.测回是指照准目标一次,读数4次的过程。

2.表中 a 为固定误差,b 为比例误差系数,D 为水平距离(km)。

②采用普通钢尺丈量导线边长时,其主要技术要求应符合表4.1.4-6的规定。

表 4.1.4-6 普通钢尺丈量导线边长的主要技术要求

定线偏差(mm)	每尺段往返高差之差(cm)	最小读数(mm)	三组读数之差(mm)	同段尺长差(mm)	外业手簿计算取值(mm)		
					尺长	各项改正	高差
≤5	≤1	1	≤3	≤4	1	1	1

注:每尺段指2根同向丈量或单尺往返丈量。

4)光电测距的作业要求:

①测距前仪器应严格整平对中,对中误差应小于1mm。测距时,应在成像清晰、气象条件稳定时进行,雨、雪和大风天气不宜作业,不宜顺光或逆光且与太阳呈小角度观测,严禁将仪器照准头对准太阳。

②当反光镜背景方向有反射物时,应在反光镜后方遮上黑布。

③测距过程中,当视线被遮挡出现粗差时,应重新启动测量。

④当观测数据超限时,应重测整个测回。当观测数据出现分群时,应分析原因,采取相应措施重新观测。

⑤温度计宜采用通风干湿温度计,气压表宜采用高原型空盒气压表。

⑥测量四等及其以上的边时,应量取测边两端点始末的气象数据,计算时应取平均值。测量温度时应量取空气温度。通风干湿温度计应悬挂在距地面和人体1.5m以外的地方。气压表应置平,指针不应受阻。

⑦当测距边长度用三角高程测量的高差进行倾斜改正时,垂直角的观测要求和对向观测要求应按表4.2.5中五等三角高程测量的规定执行。

4.1.5 资料整理和计算

1 一般要求

1)观测工作结束后,应及时整理和检查外业观测手簿,确认观测成果全部符合规定后,方可进行计算。

2)一级及以上平面控制测量平差计算应采用严密平差法,二级可采用近似平差法。

3)平差后应提供最弱点点位中误差、最弱相邻点边长相对中误差、单位权中误差、测角中误差,附(闭)合导线应提供角度闭合差、坐标闭合差、全长相对闭合差等精度数据。

2　GPS 测量计算要求

1)同一时段观测值的数据剔除率(不包括受高度角和不同步观测影响的值),其值不宜大于 10%。

2)基线解算中所需的起算点坐标,可按下列顺序选用:

①国家或其他等级高的 GPS 控制网点的既有 WGS—84 坐标值;

②国家或其他等级高的控制点转换至 WGS—84 的坐标值;

③GPS 单点定位观测 $2h$ 以上的平差值提供的 WGS—84 坐标值。

3)当 GPS 控制网点间距离小于 20km 时,可不考虑对流层和电离层的修正;当大于 20km 时,每时段应于始、中、终各观测一次气象元素,并采用标准模型加入对流层和电离层的修正。

4)重复基线测量的差值应满足式(4.1.5-1)的规定。

$$d_s \leqslant 2\sqrt{2}\sigma \tag{4.1.5-1}$$

5)各级 GPS 网同步环闭合差应满足式(4.1.5-2)的规定。

$$\left.\begin{aligned} W_X &\leqslant \frac{\sqrt{n}}{5}\sigma \\ W_Y &\leqslant \frac{\sqrt{n}}{5}\sigma \\ W_Z &\leqslant \frac{\sqrt{n}}{5}\sigma \\ W &\leqslant \frac{2\sqrt{n}}{5}\sigma \end{aligned}\right\} \tag{4.1.5-2}$$

式中:n——环或附合路线的边数;

σ——标准差(mm)。

6)各级 GPS 网异步环闭合环或附合路线坐标闭合差应满足式(4.1.5-3)的规定。

$$\left.\begin{aligned} V_X &\leqslant \sqrt{\frac{4n}{3}}\sigma \\ V_Y &\leqslant \sqrt{\frac{4n}{3}}\sigma \\ V_Z &\leqslant \sqrt{\frac{4n}{3}}\sigma \\ V &\leqslant 2\sqrt{n}\sigma \end{aligned}\right\} \tag{4.1.5-3}$$

式中:n——环或附合路线的边数;

σ——标准差(mm)。

7)在进行 GPS 控制网平差前,应根据实际需要选定起算数据和相应的地面坐标,并应对起算数据的可靠性及精度进行检查分析。

8)参加平差的基线边应符合下列要求:

①独立的观测边；

②网形构成非同步闭合环，不应存在自由基线；

③必须不含明显的系统误差；

④组成的闭合环基线数和异步环长度应尽量小。

9)平差时应首先以一个点的 WGS—84 系坐标作为起算依据进行无约束平差，检查 GPS 基线向量网本身的内符合精度、基线向量间有无明显的系统误差，并剔除含有粗差的基线。无约束平差中，基线分量的改正数绝对值应满足式(4.1.5-4)的规定。

$$\left.\begin{aligned} V_{\Delta X} &\leqslant \sqrt{3}\sigma \\ V_{\Delta Y} &\leqslant \sqrt{3}\sigma \\ V_{\Delta Z} &\leqslant \sqrt{3}\sigma \end{aligned}\right\} \tag{4.1.5-4}$$

否则，认为该基线或其附近的基线存在粗差。

10)约束平差中，基线分量的改正数与无约束平差结果的同一基线相应改正数较差的绝对值应满足式(4.1.5-5)的规定。

$$\left.\begin{aligned} \mathrm{d}V_{\Delta X} &\leqslant \sqrt{\frac{4}{3}}\sigma \\ \mathrm{d}V_{\Delta Y} &\leqslant \sqrt{\frac{4}{3}}\sigma \\ \mathrm{d}V_{\Delta Z} &\leqslant \sqrt{\frac{4}{3}}\sigma \end{aligned}\right\} \tag{4.1.5-5}$$

否则，认为作业约束的已知坐标、距离、方位角中存在一些误差较大的值。

11)当 GPS 控制网分为多个投影带，且在分带交界附近联测国家控制点时，可分片进行平差。平差时应有一定数量的重合点，重合点位互差不得大于 2 倍的点位中误差。

12)当检查或数据处理时发现观测数据不能满足要求时，应对成果进行全面的分析，并对其中部分数据进行补测或重测，必要时全部数据应重测。

13)计算结果应输出重复基线较差、同步环闭合差、异步环闭合差、无约束平差基线向量改正数、约束平差基线向量改正数、基线长、方位角、点位精度、转换参数以及单位权中误差等内容。

3　测量精度评定

应按式(4.1.5-6)~式(4.1.5-8)对角度测量精度进行初步评定，并应按式(4.1.5-9)对总体作业精度进行评定。

1)三角网测角中误差：

$$m_{\beta} = \sqrt{\frac{[WW]}{3n}} \tag{4.1.5-6}$$

式中：m_{β}——测角中误差(″)；

W——三角形闭合差(″)；

n——三角形的个数。

2)导线测角中误差：

按方位角闭合差计算测角中误差：

$$m_\beta = \sqrt{\frac{1}{N}\left[\frac{f_\beta f_\beta}{n}\right]} \tag{4.1.5-7}$$

式中：f_β——附合导线或闭合导线环的方位角闭合差(″)；

n——计算 f_β 时的测站数；

N——附合导线或闭合导线环的个数。

按左、右角观测的导线测角中误差：

$$m_\beta = \pm\sqrt{\frac{\Delta\Delta}{2n}} \tag{4.1.5-8}$$

式中：Δ——测站圆周角闭合差(″)；

n——角度个数。

3)单位权中误差：

按角度平差改正数和边长改正数计算单位权中误差：

$$m_\beta = \pm\sqrt{\frac{PVV}{n-t}} \tag{4.1.5-9}$$

式中：P——观测值的权；

V——观测值平差改正数；

n——观测值个数；

t——必要观测值个数。

4　测量距离的计算要求

1)应按仪器给定的公式进行气象改正。

2)应按仪器检测的结果进行加、乘常数改正。

3)应按式(4.1.5-10)或式(4.1.5-11)进行倾斜改正。折光系数 K 应根据观测时间、植被、气候及视线高出障碍物(或地面)的高度等不同情况，参照表 4.1.5-1 进行选取，一般情况下可取平均值 0.14。

表 4.1.5-1　折光系数表

地　面	沙　漠	平原、山区	森　林	沼　泽	水网、湖泊
平均 K 值	0.095	0.115	0.143	0.148	0.157

用测定两点间的高差计算水平距离：

$$D_p = \sqrt{s^2 - h^2} \tag{4.1.5-10}$$

用观测垂直角计算水平距离：

$$D_p = s \cdot \cos(\alpha + f) \tag{4.1.5-11}$$

$$f = (1-K)\rho''\frac{s \cdot \cos\alpha}{2R}$$

式中：D_p——测距边两端点仪器与棱镜平均高程面上的水平距离(m)；

s——经气象及加、乘常数等改正后的斜距(m)；

h——测距边两端点之间的高差(m)；

α——观测的垂直角(″)；

f——地球曲率与大气折光对垂直角的改正值(m)；

K——当地的平均大气折光系数；

R——地球平均曲率半径。

4)应按式(4.1.5-12)和式(4.1.5-13)分别进行归化改正和投影改正。

$$D_1=\left(1-\frac{H_m+h_m}{R_m+H_m+h_m}\right)D_0 \tag{4.1.5-12}$$

$$D_2=\left(1+\frac{Y_m^2}{2R_m^2}+\frac{\Delta_y^2}{24R_m^2}\right)D_1 \tag{4.1.5-13}$$

式中：D_0——观测边长度(m)；

D_1——归化改正后的边长(m)；

R_m——参考椭球体在测距边方向上的法截弧曲率半径(m)；

H_m——测量边的平均高程(m)；

h_m——测区大地水准面高出参考椭球面的高差(m)；

D_2——投影改正后的边长(m)；

Y_m——测距边中点的横坐标(m)；

Δ_y——测距边两端点横坐标的增量(m)。

5)归算到测区平均高程面上的测距边长度，应按式(4.1.5-14)计算。

$$D=D_0\left(1+\frac{H_P-H_m}{R_A}\right) \tag{4.1.5-14}$$

式中：D_0——测距边两端点平均高程面上的水平距离(m)；

D——归算到测区平均高程面上的测距长度(m)；

H_m——测距边两端的平均高程(m)；

H_P——测区平均高程(m)；

R_A——参考椭球体在测距边方向上的法截弧曲率半径(m)。

6)往返测距单位权中误差应按式(4.1.5-15)计算。

$$\mu=\sqrt{\frac{[pdd]}{2n}} \tag{4.1.5-15}$$

式中：μ——往返测距单位权中误差(mm)；

d——各边往返距离的较差(mm)；

n——测距的边数；

p——各边距离测量的先验权，其值为 $1/\delta_D^2$，δ_D 为测距的先验中误差，可按测距仪的标称精度计算。

7)任一边的实际测距中误差应按式(4.1.5-16)计算。

$$m_{Di}=\mu\sqrt{\frac{1}{p_i}} \tag{4.1.5-16}$$

式中:m_{Di}——第 i 边的实际测距中误差(mm);

p_i——第 i 边距离测量的先验权。

4.2 高程控制测量

4.2.1 一般规定

1 公路高程系统宜采用1985年国家高程基准。同一个公路项目应采用同一个高程系统,并应与相邻项目高程系统相衔接。不能采用同一系统时,应给定高程系统的转换关系。独立工程或三级以下公路联测有困难时,可采用假定高程。

2 高程控制测量应采用水准测量或三角高程测量的方法进行,高程异常变化平缓的地区可使用GPS测量的方法进行,但应对作业成果进行充分的检核。

3 路线高程控制网应全线贯通、统一平差。

4 各等级路线高程控制网最弱点高程中误差不得大于±25mm,用于跨越水域和深谷的大桥、特大桥的高程控制网最弱点高程中误差不得大于±10mm,每公里观测高差中误差和附合(环线)水准路线长度应小于表4.2.1-1的规定。当附合(环线)水准路线长度超过规定时,应采用双摆站的方法进行测量,但其长度不得大于表4.2.1-1中规定的2倍。每站高差较差应小于基辅(黑红)面高差较差的规定。一次双摆站为一单程,取其平均值计算的往返较差、附合(环线)闭合差应小于相应限差的0.7倍。

表4.2.1-1 高程控制测量的技术要求

测量等级	每公里高差中数中误差(mm)		附合或环线水准路线长度(km)	
	偶然中误差 M_{Δ}	全中误差 M_W	路线、隧道	桥梁
二等	±1	±2	600	100
三等	±3	±6	60	10
四等	±5	±10	25	4
五等	±8	±16	10	1.6

注:控制网节点间的长度不应大于表中长度的0.7倍。

5 各级公路及构造物的高程控制测量等级不得低于表4.2.1-2的规定。

表4.2.1-2 高程控制测量等级选用

高架桥、路线控制测量	多跨桥梁总长 L(m)	单跨桥梁 L_K(m)	隧道贯通长度 L_G(m)	测量等级
—	$L \geqslant 3\,000$	$L_K \geqslant 500$	$L_G \geqslant 6\,000$	二等
—	$1\,000 \leqslant L < 3\,000$	$150 \leqslant L_K < 500$	$3\,000 \leqslant L_G < 6\,000$	三等
高架桥,高速、一级公路	$L < 1\,000$	$L_K < 150$	$L_G < 3\,000$	四等
二、三、四级公路	—	—	—	五等

6 特殊结构的构造物,当对测量精度要求较高时,应根据具体要求确定高程控制测

量的精度。构造物高程控制网应与路线高程控制网联测，但应保持其本身的精度。

7 高程测量数字取位，应符合表4.2.1-3的规定。

表4.2.1-3 高程测量数字取位要求

测量等级	各测站高差（mm）	往返测距离总和（km）	往返测距离中数（km）	往返测高差总和（mm）	往返测高差中数（mm）	高程（mm）
各等	0.1	0.1	0.1	0.1	1	1

4.2.2 高程控制测量的主要技术要求

1 水准测量的主要技术要求应符合表4.2.2-1的规定。

表4.2.2-1 水准测量的主要技术要求

测 量 等 级	往返较差、附合或环线闭合差（mm）		检测已测测段高差之差（mm）
	平原、微丘	重丘、山岭	
二等	$\leqslant 4\sqrt{l}$	$\leqslant 4\sqrt{l}$	$\leqslant 6\sqrt{L_i}$
三等	$\leqslant 12\sqrt{l}$	$\leqslant 3.5\sqrt{n}$或$\leqslant 15\sqrt{l}$	$\leqslant 20\sqrt{L_i}$
四等	$\leqslant 20\sqrt{l}$	$\leqslant 6.0\sqrt{n}$或$\leqslant 25\sqrt{l}$	$\leqslant 30\sqrt{L_i}$
五等	$\leqslant 30\sqrt{l}$	$\leqslant 45\sqrt{l}$	$\leqslant 40\sqrt{L_i}$

注：计算往返较差时，l为水准点间的路线长度(km)；计算附合或环线闭合差时，l为附合或环线的路线长度(km)；n为测站数。L_i为检测测段长度(km)，小于1km时按1km计算。

2 光电测距三角高程测量的主要技术要求应符合表4.2.2-2的规定。

表4.2.2-2 光电测距三角高程测量的主要技术要求

测量等级	测回内同向观测高差较差(mm)	同向测回间高差较差（mm）	对向观测高差较差（mm）	附合或环线闭合差（mm）
四等	$\leqslant 8\sqrt{D}$	$\leqslant 10\sqrt{D}$	$\leqslant 40\sqrt{D}$	$\leqslant 20\sqrt{\sum D}$
五等	$\leqslant 8\sqrt{D}$	$\leqslant 15\sqrt{D}$	$\leqslant 60\sqrt{D}$	$\leqslant 30\sqrt{\sum D}$

注：D为测距边长度，以km计。

4.2.3 高程控制点的布设

高程控制点应沿公路路线布设。高程控制点距路线中心线的距离应大于50m，宜小于300m。相邻控制点之间的间距以1～1.5km为宜；重丘、山岭区可根据需要适当加密；大桥、隧道口及其他大型构造物两端应增设水准点，特大型构造物每一端应埋设2个(含2个)以上高程控制点。

4.2.4 水准测量观测的要求

1 水准测量所使用的仪器应符合下列规定：

1)水准仪视准轴与水准管轴的夹角 i，在作业开始的第一周内应每天测定一次，i 角稳定后可每隔15d测定一次，其值不得大于20″。

2)水准尺上的米间隔平均长与名义长之差，对于线条式铟瓦标尺不应大于0.1mm，对于区格式木质标尺不应大于 0.5mm。

2 水准测量的观测方法应符合表 4.2.4-1 的规定。

表 4.2.4-1 水准测量的观测方法

测量等级	观测方法		观测顺序
二等	光学测微法	往 返	后—前—前—后
	中丝读数法		
三等	光学测微法		
	中丝读数法		
四等	中丝读数法	往	后—后—前—前
五等	中丝读数法	往	后—前

3 水准测量野外观测时,各项主要技术要求应符合表 4.2.4-2 的规定。

表 4.2.4-2 水准测量观测的主要技术要求

测量等级	仪器类型	水准尺类型	视线长(m)	前后视较差(m)	前后视累积差(m)	视线离地面最低高度(m)	基辅(黑红)面读数差(mm)	基辅(黑红)面高差较差(mm)
二等	DS_{05}	铟瓦	≤50	≤1	≤3	≥0.3	≤0.4	≤0.6
三等	DS_1	铟瓦	≤100	≤3	≤6	≥0.3	≤1.0	≤1.5
	DS_2	双面	≤75				≤2.0	≤3.0
四等	DS_3	双面	≤100	≤5	≤10	≥0.2	≤3.0	≤5.0
五等	DS_3	单面	≤100	≤10	—	—	—	≤7.0

4 观测过程中尺垫应踩实,水准尺应立直,三脚架的两腿应交替平行于路线方向,1 测回应尽量在较短时间内完成。

5 四等水准测量当采用"后—后—前—前"观测顺序时,后尺垫必须在全部观测作业完毕并检验合格后方可挪开。

6 中间休息时应设定 2 个以上的间歇点,重新开始测量前应检测 2 间歇点之间的高差,2 间歇点之间的高差之差应小于基辅(黑红)面高差较差,否则应从上一固定点开始测量。

7 观测结果的重测和取舍:

1)观测结果超限必须进行重测。

2)测站观测超限必须立即重测,否则从水准点或间歇点开始重测。

3)测段往、返测高差较差超限必须重测,重测后应选用往、返测合格的成果。如重测结果与原测结果分别比较,较差均不超过限差时,取 3 次结果的平均值。

4)每条水准路线按测段往返测高差较差、附合路线的环线闭合差计算的高差中误差 M_Δ 或高差中数全中误差 M_W 超限时,应先对路线上闭合差较大的测段进行重测。

M_Δ 和 M_W 按式(4.2.4-1)和式(4.2.4-2)计算。

$$M_\Delta = \pm\sqrt{\frac{1}{4n}\left[\frac{\Delta\Delta}{R}\right]} \tag{4.2.4-1}$$

$$M_W = \pm\sqrt{\frac{1}{N}\left[\frac{WW}{F}\right]} \tag{4.2.4-2}$$

式中：Δ——测段往返高差不符值(mm)；

R——测段长(km)；

n——测段数；

W——水准路线经过各项修正后的环线闭合差(mm)；

N——水准环数；

F——水准环线周长(km)。

4.2.5 光电测距三角高程测量

1 用于高程测量及跨河水准测量的光电测距仪和经纬仪，其垂直度盘测微器行差不得大于2.0″，一测回垂直角观测中误差不得大于3.0″。

2 光电测距三角高程测量施测过程中，宜变换一次仪器和反射镜高度，高度变化值应大于3cm，垂直角和距离分别于高度变换前、后各测量一半测回数，仪器和反射镜高度分别于每次测前、测后各测量1次，2次较差不得大于2mm。仪器和反射镜高度应使用仪器配置的测尺和专用测杆进行测量，严禁使用钢尺斜拉。

3 光电测距三角高程测量宜采用垂直角和斜距进行计算，其观测的主要技术要求应符合表4.2.5的规定。

表4.2.5 光电测距三角高程测量观测的主要技术要求

测量等级	仪器类型	测距边测回数	边长(m)	垂直角测回数(中丝法)	指标差较差(″)	垂直角较差(″)
四等	DJ_2	往返均≥2	≤600	≥4	≤5	≤5
五等	DJ_2	≥2	≤600	≥2	≤10	≤10

4 垂直角观测应选择在气候条件较好、成像稳定的时间内观测，垂直角、距离均应进行对向观测，照准时目标必须清晰可辨，观测时其视线应离障碍物1.5m以上。对向观测宜在较短时间内进行，垂直角不得超过15°。

5 测距时气压计应置平、防暴晒，温度计应悬挂在离地面1.5m以上的地方，如使用干湿温度计时，应按说明书规定的要求使用。

6 高差计算时应考虑地球曲率和大气折光差的影响。地球曲率与折光差(简称两差)改正数γ按式(4.2.5-1)计算。

$$\gamma = \frac{1-K}{2R}S^2 \tag{4.2.5-1}$$

式中：K——折光系数，按表4.1.5-1选取；

S——边长；

R——地球平均曲率半径。

7 三角高程高差应按式(4.2.5-2)~式(4.2.5-5)进行计算。

1)用光电测距的斜距计算高差：

单向观测

$$\Delta h_{1.2}=S_{1.2}\sin V_{1.2}+\frac{S_{1.2}^{2}\cos^{2}V_{1.2}}{2R}(1-K)+i_{1}-l_{1} \qquad (4.2.5\text{-}2)$$

对向观测

$$\Delta h_{1.2}=\frac{S_{1.2}\sin V_{1.2}-S_{2.1}\sin V_{2.1}}{2}+\frac{1}{2}(i_{1}+l_{2})-\frac{1}{2}(i_{2}+l_{1}) \qquad (4.2.5\text{-}3)$$

2)用水平距离计算高差:

单向观测

$$\Delta h_{1.2}=D_{1.2}\tan V_{1.2}+\frac{1-K}{2R}D_{1.2}^{2}+i_{1}-l_{1} \qquad (4.2.5\text{-}4)$$

对向观测

$$\Delta h_{1.2}=D_{1.2}\left(\frac{\tan V_{1.2}-\tan V_{2.1}}{2}\right)+\frac{1}{2}(i_{1}+l_{2})-\frac{1}{2}(i_{2}+l_{1}) \qquad (4.2.5\text{-}5)$$

以上式中:$\Delta h_{1.2}$——点 1 至点 2 间的高差;

$S_{i.j}$——点 i 至点 j 的斜距;

$D_{1.2}$——点 1 至点 2 间的水平距离;

$V_{i.j}$——点 i 至点 j 的垂直角;

i_1、i_2——点 1、点 2 的仪器高;

l_1、l_2——点 1、点 2 的照准目高程;

K——折光系数;

R——地球曲率半径。

4.2.6 GPS 高程测量

1 高程异常变化平缓的地区可使用 GPS 方法施测高程控制测量,数据采集应采用静态相对定位方法,时间应大于相应等级的平面测量所需的时间。

2 当采用拟合的方法求解高程值时,应在测区周围和测区内联测高一级的水准点。平原地区,联测的水准点不宜少于 6 个点;丘陵或山地不宜少于 10 个点。未知点较多时,联测点宜大于未知点点数的 1/5 或联测点间的距离不应大于 5km。联测的水准点应均匀分布于网中,外围水准点连成的多边形应包含整个测区。测区明显分几种地形时,应在地形变化部位联测几何水准。

3 根据求得的 GPS 点间的正常高程差,在已知点间组成附合或闭合高程导线,其闭合差应符合表 4.2.2-1 的规定。

4 应选取大于未知点数量 10% 的未知点进行检核,其与已知点间的高差之差应符合表 4.2.2-1 的规定。

4.2.7 跨河水准测量

1 当水准路线通过宽度为各等级水准测量的标准视线长度 2 倍以下的江河、山谷时,可用一般的水准测量观测方法进行,但在测站上应变换一次仪器高度,观测2次,2次高差之差不应超过表4.2.7-1的规定。

表4.2.7-1 跨河水准测量两次观测高差之差

测量等级	高差之差(mm)	测量等级	高差之差(mm)
二等	≤1.5	四等	≤7
三等	≤7	五等	≤9

2 高程视线长度超过各等级水准测量标准视线长度的2倍以上时,应按表4.2.7-2选择观测方法。

表4.2.7-2 跨河高程测量的观测方法及跨越视线长度

观测方法	跨越视线长度(m)	观测方法	跨越视线长度(m)
直接读数法	三、四等 ≤300	倾斜螺旋法	≤1 500
	五等 ≤500	测距三角高程法	≤3 500
光学测微法	≤500		

注:视线长度超过3 500m时,采用的方法和要求应依据测区条件进行专题设计。

3 观测的测回数和组数均不得小于表4.2.7-3的规定。

表4.2.7-3 测回数和组数

测量等级 视线长度(m)	二等		三等		四等		五等	
	测回数	组数	测回数	组数	测回数	组数	测回数	组数
<300	2	2	2	1	2	1	2	1
300~500	2	4	2	2	2	2	2	1
500~1 000	8	6	2	2	2	2	2	1
1 000~1 500	12	8	4	2	3	2	3	1
1 500~2 000	16	8	8	3	3	3	3	1
>2 000	8S	8	4S	3	4	3	4	1

注:1.表中S为视线长度的公里数,尾数凑整到0.5或1。

2.1测回是指两台仪器对向观测1次。

3.组数是指不同的时间段施测规定测回数的次数。

4 各测回高差互差应小于按式(4.2.7-1)计算的限差。

$$M_{限} = 3M_{\Delta}\sqrt{nS} \tag{4.2.7-1}$$

式中:$M_{限}$——测回间高差互差限差;

M_{Δ}——相应水准测量等级所规定的每公里观测高差偶然中误差(mm);

n——测回数;

S——跨河视线长度(km)。

5 跨河场地应选择在水面较窄、土质坚实、便于设站的河段。跨河视线不得通过草丛、砂丘、沙滩、芦苇的上方。两岸仪器视线距水面的高度应尽量等高(测距三角高程法除外)。两岸由仪器至水边的一段河岸,其距离应近于相等,其地貌、土质、植被等也应相似,仪器位置应选在开阔、通风之处,不得靠近墙壁及土、石、砖堆等,过河视线方向宜避免正对日照方向。

6 跨河水准观测宜在风力微和、气温变化较小的阴天进行,不宜在雨后初晴的大气折射变化较大时观测。

4.2.8 外业成果的整理

1 观测工作结束后,应及时整理和检查外业观测手簿,确认观测成果全部符合规定后,方可进行计算。

2 各等级高程控制测量均应计算路线(或环线)闭合差,线路往、返测量时应计算每公里观测高差偶然中误差 M_{Δ},光电测距三角高程测量应计算对向观测高差互差值。

3 四等以上高程控制测量应采用严密平差法进行计算,并应计算最弱点高程中误差、每公里观测高差全中误差 M_{W}。

4.3 资料提交

控制测量应提交以下测量及计算资料:

1 技术设计书。

2 点之记(含固定桩志表)。

3 仪器检验报告。

4 原始记录手簿。

5 控制测量计算书。

6 平面控制网联测及布网略图。

7 高程控制测量联测及路线示意图。

8 作业自检报告。

9 检查验收意见。

10 技术总结。

11 所有资料的电子文档。

5 地形图测绘

5.1 一般规定

5.1.1 测图比例尺应根据设计阶段、工程性质及地形、地貌等因素按表5.1.1选用。地形图比例尺的选择应以满足公路设计各阶段的需要为原则。

表5.1.1 地形图比例尺的选用

设计阶段或工程性质	比 例 尺	设计阶段或工程性质	比 例 尺
工程可行性研究	1:10 000	施工图设计	1:1 000、1:2 000、1:5 000
初步设计、技术设计	1:2 000、1:5 000	重要工点	1:500

5.1.2 地形图的基本等高距应符合表5.1.2的规定，等高距的选择应能反映测量区域地形、地貌的形态特征，保持图面清晰、标图方便。当地形比较平坦，采用表中所列等高距表示地形等高线太稀疏，不能很好地表达地形变化时，可加入间曲线。

表5.1.2 地形图基本等高距

地 形 类 别	不同比例尺的基本等高距（m）			
	1:500	1:1 000	1:2 000	1:5 000
平原	0.5	0.5	1.0	1.0
微丘	0.5	1.0	1.0	2.0
重丘	1.0	1.0	2.0	5.0
山岭	1.0	2.0	2.0	5.0

5.1.3 地形图的图式应符合国家测绘局制定的现行地形图图式的规定。对图式中没有规定符号的地物、地貌符号，应制定补充规定，并应在技术报告中注明。

5.1.4 地形图测绘可采用电子速测仪机助成图法、摄影测量、大平板仪测绘法、经纬仪小平板联测法、GPS RTK等方法。

5.1.5 地形图图上地物点相对于邻近图根点的平面位置中误差应符合表5.1.5-1的规定；等高线插求点相对于邻近图根点的高程中误差应符合表5.1.5-2的规定。

表 5.1.5-1 图上地物点的点位中误差

重要地物(mm)	一般地物(mm)	水下地物(mm)		
		1:500	1:1 000	1:2 000
≤ ±0.6	≤ ±0.8	≤ ±2.0	≤ ±1.2	≤ ±1.0

表 5.1.5-2 等高线插值的高程中误差

地形类别	平原	微丘	重丘	山岭	水下
高程中误差	≤(1/3)H_d	≤(1/2)H_d	≤(2/3)H_d	≤H_d	≤1.2H_d

注:1.高程注记点的精度按表中 0.7 倍执行。
2. H_d 为基本等高距。

5.1.6 地形图原图制作时宜选用厚度为 0.07 ~ 0.10mm、热处理后伸缩率小于 0.04% 的聚酯薄膜。

5.1.7 图廓格网线绘制和控制点的展绘误差不应大于 0.2mm。图廓格网的对角线、图根点间的长度误差不应大于 0.3mm。

5.1.8 公路地形图的注记符号宜以路线前进方向的左侧正方向为上。

5.1.9 公路地形图分幅,宜按路线前进方向采用正方形或矩形分幅,图幅应按顺序编号。

5.1.10 地形图的图廓整饰应按图 5.1.10 执行。除图廓应标注坐标外,还应在测图范围周围和测图范围内适当位置标注坐标。

5.1.11 每幅图应测出图廓外 5mm,图幅的接边误差不应超过表 5.1.5-1 和表 5.1.5-2 规定值的 $2\sqrt{2}$ 倍,超过规定值时,应进行实地测量检查。

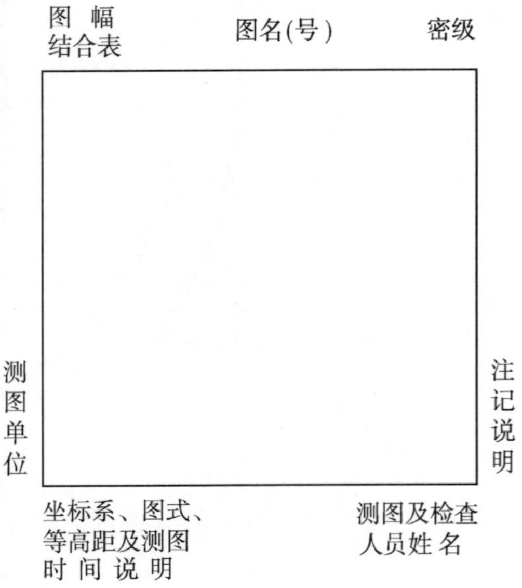

图 5.1.10

5.1.12 地形图应进行内业检查、野外巡视及实测检查,实测检查量不应少于测图工作量的 10%。

5.2 图根控制测量

5.2.1 图根平面控制测量应闭合或附合于路线等级控制点上。当需要加密时,图根控制不宜超过两次附合;条件受限制时,可布设成支导线,支导线的边数不得超过 3 条。

5.2.2 图根点相对于邻近等级控制点的点位中误差应不大于所测比例尺地形图上0.1mm，高程中误差应不大于测图基本等高距的1/10。

5.2.3 图根点宜选在地势较高、视野开阔的地方并应设定标志，相邻点间应相互通视，标志可采用木桩或混凝土标石并编号。

5.2.4 图根点平面控制测量可采用交会法、导线、GPS RTK等满足精度要求的方法。

5.2.5 图根点的密度应根据测图比例尺和地物、地貌复杂程度以及测图方法而定。平坦开阔地区若采用大平板仪、小平板配合经纬仪测图时，图根点（含基础控制点）密度应符合表5.2.5的规定。在地物、地貌复杂或隐蔽地区应视其复杂和隐蔽程度适当加大密度；采用全站仪（测距仪）测图的图根点的密度可取表中0.4倍的值，采用GPS RTK测图的图根点的密度可取表中0.2倍的值。

表5.2.5 视距法测图图根点（含基础控制点）密度

测图比例尺	图根点密度（点/km^2）	测图比例尺	图根点密度（点/km^2）
1:500	≥145	1:2 000	≥14
1:1 000	≥45	1:5 000	≥7

5.2.6 交会法的交会角不应小于30°、大于150°。前、侧方交会不应少于3个方向，后方交会不应少于4个方向。两组交会坐标值互差应小于图上0.3mm。交会法的外业测量要求与图根导线相同。

5.2.7 采用图根导线测量的主要技术要求应符合表5.2.7的规定。

表5.2.7 图根导线测量的主要技术要求

边长测定方法	测图比例尺	导线全长（m）	平均边长（m）	测回数	测角中误差（″）	方位角闭合差（″）	导线最大相对闭合差
光电测距	1:500	≤750	75	≥1	≤±20	≤40$\sqrt{n}$	≤1/4 000
	1:1 000	≤1 500	150				
	1:2 000	≤3 000	300				
钢尺量距	1:500	≤500	50	≥1	≤±20	≤40$\sqrt{n}$	≤1/2 000
	1:1 000	≤1 000	85				
	1:2 000	≤2 000	180				

注：1. n为测站数。
2. 组成节点后，节点间或节点与起算点间的长度不得大于表中规定的0.7倍。
3. 当导线长度小于表中规定1/3时，其绝对闭合差不应大于图上0.3mm。

5.2.8 图根导线的角度测量应采用经纬仪施测，测回数不少于1测回。

5.2.9 图根导线的边长宜采用光电测距仪施测。采用普通钢尺往、返丈量时,其较差的相对误差应小于1/3 000;当坡度大于2%、温度超过钢尺鉴定温度±10℃或尺长修正大于1/10 000时,应进行相应的坡度、温度、尺长的修正。

5.2.10 图根导线布设成支导线时,平均边长不应超过测图最大视距长度,边长应往、返丈量,角度应分别测左、右角各1测回,其圆周角闭合差不应超过40″。

5.2.11 用光电测距法测量极坐标点时应采用2次测边、测角,坐标较差不得大于M/10 000(M为测图比例尺分母)m,高程较差不得大于1/5基本等高距。

5.2.12 当解析图根点不能满足测图需要时,可增补少量图解交会点或视距支点作为测站点测图。由图根点上可支出一个视距支点,支点边长不宜大于地形点最大视距长度的2/3,并应往、返测定,其较差不应大于1/150。

5.2.13 采用GPS RTK施测图根点时,应符合以下要求:

1 基准站选择应符合本细则第4.1.3条第2款的要求。

2 基准站与流动站(所求的图根点)应始终保持同步锁定5颗以上卫星,GDOP值应小于6。

3 流动站至基准站的距离应小于5km。

4 天线高应于测前、测后各量测1次,2次互差不得超过3mm。

5 求解转换参数的高等级点应包含整个作业区间,均匀分布于作业区域的周围,采用的控制点应大于4个,流动站至最近的高等级控制点应小于2km,图根点不得外推。

6 在作业区间内,至少应检核2个以上的高级控制点,其检测的坐标差和高程差应符合第5.2.2条的规定。

5.2.14 图根点高程可采用水准测量、光电测距三角高程测量或GPS RTK测量等满足精度要求的各种方法;当基本等高距为0.5m时,应采用水准测量方法。

5.2.15 采用图根水准测量的主要技术要求应符合表5.2.15的规定。

表 5.2.15 图根水准测量的主要技术要求

每公里观测高差全中误差(mm)	水准路线长度(km)		视线长度(m)	观测次数		往返较差、附合或环线闭合差(mm)	
	附合路线或环线	支线长度		附合或闭合路线	支线或与已知点联测	平原、微丘	重丘、山岭
≤±20	≤6	≤3	≤100	往一次	往返各一次	$\le 40\sqrt{L}$	$\le 2\sqrt{n}$

注:1. L为水准路线长度,以km计;n为测站数。

2. 组成节点后,节点间或节点与高级点间的长度不得大于表中规定的0.7倍。

5.2.16 当水准路线布设成支线时,应进行往、返观测,其线路长度不应大于3km。

5.2.17 当采用光电测距三角高程测量时,图根高程导线应起闭于高级控制点,其路线长度不得大于图根水准的长度,仪器高、觇标高观测值应取至1mm。主要技术指标应符合表5.2.17的规定。

表5.2.17 图根三角高程测量的主要技术要求

每公里观测高差全中误差(mm)	最大边长(m)	垂直角测回数	指标差较差垂直较差(″)	对向观测高差较差(mm)	附合或环线闭合差(mm)
≤±20	600	中丝法≥2测回	≤25	≤60 $\sqrt{D}$	≤40 $\sqrt{\sum D}$

注:D为边长(km)。

5.2.18 交会点高差较差应符合表5.2.18的要求。

表5.2.18 交会点高差较差技术要求

基本等高距(m)	高差较差(m)	基本等高距(m)	高差较差(m)
1.0	≤0.3	5.0	≤0.8
2.0	≤0.6		

5.2.19 光电测距边的加常数、乘常数和气象改正数大于边长的1/10 000时,应加入改正。

5.2.20 图根点计算可采用近似平差方法,角度计算应取位至秒,边长、坐标和高程计算应取位至毫米,最终坐标和高程应取至厘米。

5.3 地形图测绘

5.3.1 实测地形图可选用测记法、测绘法等成图方法,测绘时应符合以下要求:

1 采用测记法时应绘制草图,并对各种地物、地貌特征赋予唯一代码,测站上,宜按地物分类顺序施测;测量碎部点时,角度读数应精确至1′,归零检查不宜大于1.5′。

2 采用测绘法时,其绘图尺尺长误差不应超过±0.2mm,量角器半径不应小于0.1m,偏心差不应大于0.2mm。

5.3.2 距离测量可采用视距法或光电测距法。采用视距法时,视距常数值应在100m±0.1m以内,最大测距长度应符合表5.3.2-1的规定;采用光电测距法时,测距最大长度应符合表5.3.2-2的规定。

表 5.3.2-1　视距法测距最大长度

比　例　尺	测距最大长度(m)	比　例　尺	测距最大长度(m)
1:500	≤80	1:2 000	≤200
1:1 000	≤120	1:5 000	≤300

注:1.垂直角超过 ± 10°时,测距长度应适当缩短。

2.1:500、1:1 000 比例尺施测主要地物时,测距读数应读至 0.1m。

表 5.3.2-2　光电测距法测距最大长度

比　例　尺	测距最大长度(m)	比　例　尺	测距最大长度(m)
1:500	≤240	1:2 000	≤600
1:1 000	≤360	1:5 000	≤900

5.3.3　采用 GPS RTK 方法测量地形图时,应符合以下要求:

1　基准站与流动站(测点)应始终保持同步锁定 5 颗以上卫星,GDOP 值应小于 6,流动站至基准站的距离应小于 10km。

2　求解转换参数的高等级控制点应大于 4 个,并应包含整个作业区间,均匀分布于作业区域的周围;流动站至最近的高等级控制点应小于 2km;测点不宜外推。

3　在作业区间内,至少应检核 1 个高级控制点,其检测的坐标差和高程差应符合表 5.1.5-1 和表 5.1.5-2 的规定。

5.3.4　地形图野外实测时,应按下列要求对仪器的设置进行检查:

1　仪器对中误差不应大于图上 0.05mm。

2　以较远一点标定方向,其他点进行检核,检核偏差不应大于图上 0.3mm。

3　检查另一测站高程,其较差不应大于 1/5 基本等高距。

5.3.5　高程注记点的分布应符合以下要求:

1　地形图上高程注记点应分布均匀,其间距宜符合表 5.3.5 的规定。

表 5.3.5　地形图上高程注记点的间距

比　例　尺	1:500	1:1 000	1:2 000	1:5 000
高程注记点间距 (m)	≤15	≤30	≤50	≤100

注:平坦及地形简单地区可放宽至 1.5 倍,地形变化较大的地区应适当加密。

2　山顶、鞍部、山脊、山脚、谷底、谷口、沟底、沟口、凹地、台地、河川湖池岸旁、水涯线上以及地物、地貌方向和坡度变换处,应测注高程注记点。

3　基本等高距为 0.5m 时,高程注记点应注至 0.01m;基本等高距大于 0.5m 时,注至 0.1m。

5.3.6　地形图应标示各类地物、地貌要素以及各类控制点,标注各类名称。地物、地貌各项要素的标示方法和取舍除应符合现行国家测绘局制定的图式外,还应充分考虑公路工程的专业特点，满足设计及施工对于地形图的需要。具体要求如下：

1 各种比例尺地形图上均应展绘或测出各等级平面控制点（包括天文点、三角点、小三角点、GPS点、图根点及相应等级的导线点）和水准点，并按规定符号表示。

2 各类建筑物、构筑物及其主要附属设施应进行测绘。1:500、1:1 000、1:2 000的测图，居民区房屋应详细测绘，房屋应加注层数及建筑材料；建筑物、构筑物轮廓凸凹在图上小于0.5mm时，可用直线连接；独立地物能按比例尺表示的应实测外轮廓，内填绘图符号；不能按比例尺表示的，应准确表示其定位点或定位线。

3 各种比例尺地形图上应测绘各类管线及附属设施。高压线应实测其塔架或电杆位置并注明电压值，与设计公路相交时，还应测注交叉点与地面的垂直距离；低压线和通信线应详细测绘。

4 交通及其附属设施应按实际形状测绘。公路应标注路面类型，实测里程碑并注明里程数；铁路应标注轨面高程，曲线段应标注外轨面高程。铁路与公路应在图上分别每隔约10cm（山区公路5cm）、地形变化处、桥隧构造物处测注高程；人行小道可视需要测绘。各类道路（铁路除外）通过城镇或街区式居民地的路段，均以街道表示，街道上面积大于$10m^2$的安全岛、花坛、街心公园，宽度1m以上的绿化带和隔离栏等均应表示。次要街道两侧的房屋、垣栅等各类地物已形成街道时，可不绘街道线。

5 水系及其附属物应按实际形状测绘。海洋应测绘海岸位置，海岸线按当地多年大潮、高潮所形成的实际痕迹施测，并测注水面高程及日期；河流、沟渠、池塘、湖泊、运河、水库当水涯线与岸边线的水平投影距离图上大于1mm（含）时应分别绘出，小于1mm时以岸边线绘出轮廓线，可不绘水涯线。水渠应测注水渠底及渠顶边的高程；堤坝测注顶部及坡脚高程；水井测注井台高程；水塘应测注塘顶边高程；河沟、水渠在地形图上的宽度小于2mm时，可用单线表示。

6 地貌应用等高线配合地貌符号和高程注记点表示，并应符合以下要求：

1）崩崖、陡崖应沿其边缘以相应符号测绘于图上。

2）冲沟的图上宽度在0.5mm（1:500和1:1 000比例尺为1.0mm）以内时应以单线绘出，超过时以双线描绘，其宽度达到上述规定2倍以上时以陡崖符号表示；图上宽度大于5mm（1:5 000比例尺为3mm）时，其底部应加绘等高线并适当测注高程。

3）坡度在70°以内的石山应以等高线配合露岩地符号表示；坡度在70°以上时以陡石山符号表示，并适当测注上、下高程。70°以下斜坡在图上投影宽度大于2mm时，应实测坡脚。

4）梯田应以等高线配合梯田坎表示，两坎间距在图上小于5mm或坎高小于1/2等高距时可进行取舍。

5）独立石、土堆、坑穴、冲沟及陡坎等应测注高程或比高。

6）大片居民地内可不绘等高线。

7）两根计曲线间距在图上小于1mm时，可只绘计曲线。

8）凡不易判读等高线降坡方向时，应加绘示坡线。

7 地形图上各种要素的配合表示应符合以下要求：

1)当两个地物中心重合或接近难以同时准确表示时,可将较重要的地物准确表示,次要地物移位0.2mm或缩小表示;如两个地物均为较重要地物可缩小或互相同时移位0.2mm表示。

2)独立地物与房屋、道路、水系等其他地物重合时,宜中断其他地物符号,将独立地物完整绘出;两独立地物相距很近、同时绘出有困难时,宜将高大、突出的准确表示,另一个移位表示,但应保持其相关位置。

3)悬空在水上的房屋与水涯线重合时,宜间断水涯线,将房屋完整绘出。

4)双线道路与房屋、围墙等高出地面的建筑物边线重合时,宜以建筑物边线代替道路边线。

5)等高线与房屋及其他建筑物、双线道路、路堤、路堑、坑穴、陡坎、斜坡、湖泊、双线河以及各种文字、数字注记等相交时均应中断。

8 植被的测绘应按其经济价值和面积大小适当取舍。

1)农业用地应按作物类别进行绘示。

2)地类界与线状地物重合时应绘线状地物符号。

3)水田应测代表性高程,田埂宽在图上小于1mm时可用单线表示。

4)居民地、厂矿、机关、学校、医院、山岭、水库、河流和道路干线等应按现有的名称注记。

5.4 水下地形图测绘

5.4.1 水下地形图测绘的平面和高程控制系统、图幅分幅、等高距应与该测区陆上地形图测绘一致,两者应互相衔接。

5.4.2 测深仪具适用范围与测深点深度中误差应符合表5.4.2的规定。

表5.4.2 测深仪具适用范围与测深点深度中误差

水深范围(m)	测深仪具	测深点深度中误差(m)
0~5	宜用测深杆(流速小于1m/s)	≤±0.10
2~10 0~10	测深仪(流速小于1m/s) 测深锤	≤±0.15
10~20	测深仪(流速小于0.5m/s) 测深锤	≤±0.20
20以上	测深仪(测船晃动角度不大于4°) 测深锤	≤±0.01*H*

注:*H*为水深值。

5.4.3 测深仪具在测前、测后和测深过程中应进行检定和必要的检校,并用其他测深仪器分别在深、浅水处校核水深。

5.4.4 测深点的布测可采用断面或散点形式;测深线间距和测深点点距应符合表5.4.4-1和表5.4.4-2的规定;点位精度应符合表5.1.5-1和表5.1.5-2的规定。

表5.4.4-1 航道测量图上测深线间距

测量项目	重点水域	一般水域	检查测量
图上测深线间距(cm)	1.0~1.5	1.5~2.0	1.0~1.5

表5.4.4-2 断面线上测深点图上最大间距

测量仪具 / 测量项目	测深仪(cm)	测深杆或测深锤(cm)
大桥、特大桥重点水域断面	1.0	1.0
大桥、特大桥一般水域断面	1.0~1.5	1.0
一般断面	3.5~4.0	1.5

5.4.5 水面的高程可直接测定或设置临时水尺测定,较宽的水域应于两岸设置临时水尺。水尺的位置与数量应能控制整个测区水位的瞬时变化;水尺零点高程或水面高程应以五等以上水准测量的精度测定;水尺应经常检查有无倾斜,发现倾斜应立即校正并校核高程。

水深与水位应同步观测,内陆水域观测次数应根据水位变化速度确定,两次观测时间内水位变化应小于0.1m,内河水位平稳时每日应至少观测1次;水位变化缓慢时,每日测深开始和结束后各测1次;变化较大或出现缓慢峰谷时每日宜观测4次,洪水期或水位变化急剧时宜每整小时观测1次,潮河段宜每整小时观测1次,海域宜每隔10min观测1次。

5.4.6 采用GPS RTK方法进行平面位置定位时,应按第5.3.3条的规定执行。

5.5 地形图数字化

5.5.1 地形图数字化可采用手扶跟踪、扫描矢量化方法进行,亦可采用测记法在野外直接进行数字测图。

5.5.2 地形图数据的分层应根据所采集的图形数据按地形图要素的类别进行。具体分层可参照表5.5.2执行。地物标识、地貌属性的特征代码设计应与图式编号一致,并具有实用性、通用性、可扩性。

5.5.3 原图数字化采集数据应符合下列要求:

1 薄膜、刻膜、纸质等地形原图应清晰、平整、无褶皱,图纸的变形应满足用图要求。

2 数据采集预处理应符合下列规定:

表 5.5.2　地形图数据分层

层　　名	层　　号	缩　　写	几何特征
内、外图廓及整饰	0	NET1	点、线(弧段)
方格网	1	NET2	线(弧段)
测量控制点	2	CON	点
居民地和垣栅(面)	3	RES1	多边形
居民地和垣栅(点、线)	4	RES2	点、弧段
工矿建(构)筑物及其他设施(面)	5	IND1	多边形
工矿建(构)筑物及其他设施(点、线)	6	IND2	点、线(弧段)
交通及附属设施(面)	7	TRA1	多边形
交通及附属设施(点、线)	8	TRA2	点、线(弧段)
管线及附属设施	9	PIP	点、线(多边形)
水系及附属设施(面、线)	10	HYD1	多边形、线(弧段)
水系及附属设施(点)	11	HYD2	点
境界	12	BOU	多边形
地貌和土质(面)	13	TER1	多边形
地貌和土质(点、线)	14	TER2	点、线(弧段)
植被(面)	15	VEG1	多边形
植被(点、线)	16	VEG2	点、线(弧段)
地名注记(定位点)	17	ANO	点
说明注记(定位点)	18	ANN	点
公路设计要素	19	DES	点、线(弧段)

1)检查工作底图的接边情况、线状要素的连续性、面状地物是否闭合以及等高线是否连续、相接等。

2)应添补不完整的画线。

3)应增补重要地物,删除已废除和消失的地物符号。

4)对于图上不便于区分的要素类别和属性应在预处理图上予以标识。

3　图纸定向应符合下列规定:

1)图纸定向不应少于4点,定向点应分布均匀、合理,并宜选用图廓坐标或方格网点作为定向点。

2)图纸定向后,应选择若干方格网点作为检查点,其数字化坐标值与理论坐标值差不应超过图上±0.3mm,超限时应检查原因或重新定向。

4　图纸扫描应符合下列规定:

1)地形图扫描图像应不含明显噪声、二值性数据,并保证图面信息量以及影像范围内图廓线清晰、完整。

2)扫描图纠正应采集图廓点、公里格网交点的栅格坐标,并根据其坐标值将栅格坐标转换成平面直角坐标,纠正对点误差应小于0.1mm。

5　数据采集应符合下列规定：

1)数据采集应按表 5.5.2 规定进行分层。

2)采集点的点位误差应小于 0.1mm。采集线状要素或面状要素边界坐标时，应根据曲率大小调整采点步距，步距以 0.3～1.0mm 为宜。

3)内图廓线、坐标网格应采用理论值生成，等级平面控制点应采用实测坐标生成。

4)线状要素应按实线数字化并保持其连续性，在线状目标与线状目标或与面状目标相交或重叠处附近，应将线状目标或面状目标分段进行采集。

5)具有多重属性的公共边应只数字化一次，存放在其主属性所属的层中，其分类代码为主属性的代码，该公共边在次属性层中的位置信息应采用拷贝的方法生成。

5.5.4　野外数字测图的要求按第 5.3 和第 5.4 节的要求进行。

5.5.5　成果质量应进行以下检查：

1　文件及控制信息完整、正确。

2　图幅定位误差应符合限差规定。

3　图内各要素采集是否有错、漏。

4　采集点误差是否在限差范围内。

5　分层是否正确。

6　接边数据修改值是否符合限差规定。

7　所有注记输入是否正确，指向明确。

5.6　资料提交

地形图测绘应提交下列资料：

1　技术设计书。

2　图根控制测量记录手簿。

3　图根控制测量计算书。

4　地形图。

4　地形图分幅图。

5　地形图测量自检报告。

6　地形图检查验收报告。

7　技术总结。

6 航空摄影测量

6.1 航空摄影

6.1.1 公路航空摄影应结合路线沿线的地形起伏情况和成图精度要求,合理选择镜头焦距。在选择航摄仪镜头焦距时,应根据摄区的地形和成图精度要求进行综合考虑,在保证飞机最低安全高度和避免摄影死角的前提下,应尽量选用短焦距镜头进行航空摄影。航摄比例尺的选择,应综合考虑公路各测设阶段所用地形图的比例尺及相应精度要求,结合摄区的地形条件、成图方法及所用仪器的性能等因素。航摄比例尺分母与成图比例尺分母之比,以4~6为宜。航摄比例尺的具体数值见表6.1.1,对地形图精度要求高的工程宜选择较小值。公路航摄应合理选择性能先进的航摄仪,宜选择使用像幅为230mm×230mm的航摄仪。

表6.1.1 航摄比例尺

成图比例尺	航摄比例尺	成图比例尺	航摄比例尺
1:500	1:2 000~1:3 000	1:2 000	1:8 000~1:12 000
1:1 000	1:4 000~1:6 000	1:5 000	1:20 000~1:30 000

6.1.2 飞行质量应符合下列要求:

1 像片重叠度应符合表6.1.2-1的规定。

表6.1.2-1 像片重叠度

方　　向	个别最小值(%)	一般值(%)	个别最大值(%)
同一航带航向重叠	56	60~65	75
相邻航带旁向重叠	15	30~35	—

2 像片倾角应小于2°,个别最大可为4°。

3 旋偏角应符合表6.1.2-2的规定。

表6.1.2-2 旋偏角

航摄比例尺 M	一般值(°)	个别最大值(°)
$M \leqslant 1/8\ 000$	≤6	≤8
$1/8\ 000 < M \leqslant 1/4\ 000$	≤8	≤10
$1/4\ 000 \leqslant M$	≤10	≤12

注:同一摄影分区内,达到或接近最大旋偏角的像片不得连续超过3片。

4 同一航带上相邻像片的航高差应小于20m;同一航带上最大航高与最小航高之差应小于30m。

5 航线的弯曲度应小于3%。

6 分区的摄影覆盖范围应符合下列要求：

1)沿路线走廊的纵向覆盖，航带两端应各超出分区范围1条基线以上。

2)路线走廊的横向覆盖应满足设计要求，航迹线偏移应小于像幅的10%。

7 漏洞补摄时，应根据原设计要求及时进行，宜采用与原摄影相同类型的航摄仪，纵向覆盖应超出漏洞外1条基线以上。

6.1.3 摄影质量应符合下列要求：

1 应根据路线所经地域的地理纬度、气候条件以及太阳高度角对地形、地物照射产生的阴影倍数，选择最佳的航摄季节和时间。平原、微丘区，太阳高度角应大于20°，阴影应小于3倍；重丘、山岭区，太阳高度角应大于45°，阴影应小于1倍；地形高差特大或陡峭的山区，航摄时间应控制在地方时正午前后1h之内。

2 底片的灰雾密度应小于0.2；底片最大密度应在1.4～1.8之间，极个别的可为2.0，底片最小密度至少应比灰雾密度大0.2；底片的密度差宜为1.0左右，最大密度差应小于1.4，最小密度差应大于0.6。

3 因飞机地速产生的最大像点位移在底片上应小于0.06mm，其值按式(6.1.3)计算。

$$\delta = T\frac{v}{m}\times 10^3 \tag{6.1.3}$$

式中：δ——像点位移量(mm)；

T——曝光时间(s)；

v——飞机地速(m/s)；

m——最高地形点的航摄比例尺分母。

4 底片上的框标及其他各类注记标志应清晰、齐全、完整，底片不得有云、云影、划痕、斑痕、折伤、脱胶等缺陷。当发现有上述缺陷且对成图有影响时，应予以补摄。

5 航摄像片索引图、透明正片、像片等航摄复制品应影像清晰，不宜有划痕、斑痕、折裂、脱胶等缺陷。

6.1.4 根据公路规划任务书、公路工程可行性研究报告、公路勘测任务书等技术文件，宜采用1:50 000地形图进行航带设计。

6.1.5 不同航带数在设计用图上的总宽度应采用式(6.1.5)计算。

$$d_j = l\frac{m}{M}[1+(j-1)(1-q_Y)]\times 10^{-3} \quad (j=1,2,\cdots) \tag{6.1.5}$$

式中：d_j——航带在设计用图上总的覆盖宽度(m)；

l——像幅尺寸(mm)；

m——航摄比例尺分母；

M——设计用图比例尺分母；

j——航带数；

q_Y——相对于平均基准面上的旁向重叠度(%)。

6.1.6 每个航摄分区的摄影面积应按式(6.1.6)计算。

$$A_i = S_{xi} S_{yi} M^2 \times 10^{-6} \tag{6.1.6}$$

式中：A_i——第 i 个分区的摄影面积(km^2)；

S_{xi}——第 i 个分区的图上长度(m)；

S_{yi}——第 i 个分区的图上宽度(m)。

当多航带分区中航带长不等时，应按不同航带数分段计算再取和。

6.1.7 整个摄区的摄影总面积应按式(6.1.7)计算。

$$A = \sum_{i=1}^{n} A_i \tag{6.1.7}$$

式中：A——整个摄区的摄影总面积(km^2)；

A_i——各个分区的摄影面积(km^2)；

n——摄影分区总数。

6.1.8 每个航摄分区的基本像片数及整个摄区的基本像片总数应按式(6.1.8-1)～式(6.1.8-3)计算：

1 各分区的航摄基线长按式(6.1.8-1)计算。

$$B_{xi} = ml(1 - q_{xi}) \times 10^{-3} \tag{6.1.8-1}$$

式中：B_{xi}——第 i 个分区航摄基线长(m)；

q_{xi}——第 i 个分区的航向重叠度(%)。

2 各分区的基本像片数按式(6.1.8-2)计算。

$$C_i = \sum_{j=1}^{j_i} \left(\frac{S_{x_{ij}} M}{B_i} + 3 \right) \tag{6.1.8-2}$$

式中：C_i——第 i 个分区航摄基本像片数；

$S_{x_{ij}}$——第 i 个分区第 j 条航带的图上长度(m)；

j_i——第 i 个分区的航带数；

$\frac{S_{x_{ij}} M}{B_i} + 3$——表示以航带为单位，向上取整。

3 计算整个摄区的基本像片总数。

$$C = \sum_{i=1}^{n} C_i \tag{6.1.8-3}$$

式中：C——整个摄区的基本像片总数。

6.1.9 航摄范围横向每侧应覆盖成图区域以外一个航带20%以上的宽度，纵向各向外延伸 2～3 条摄影基线。

6.1.10 大桥、特大桥的航摄范围：上游长度宜为河岸宽度的 3 倍，下游为河岸宽度的 2 倍，顺桥轴方向桥头引线终点以外 500m。

6.1.11 大型互通式立交及服务区、管理区等，航摄范围应超出其区域范围每边 500m 以上。

6.1.12 短于 1 000m 的隧道应按路线方案走廊处理；1 000m 以上隧道的航摄范围应以隧道方案线控制，两侧各超出方案线的距离应大于 700m。

6.1.13 航摄分区的划分与组合应符合下列要求：

1 航摄分区的划分应以路线方案的平面线形变化和纵断面地形高差变化为依据确定。

2 在满足航摄范围要求的基础上，宜选用单航带形式布设航摄分区。

3 航摄分区内的地形高差应符合下列规定：

1）当航摄比例尺小于 1:8 000 时，应小于 1/4 摄影航高。

2）当航摄比例尺大于或等于 1:8 000 时，应小于 1/6 摄影航高。

4 航摄分区接头的部分不应产生漏洞，其重叠部分至少应具有两条以上摄影基线。在地形困难地区，分区的结合部宜设置在地形较好地段，以利于像片联测时作业。

5 航摄分区的长度不宜短于 6.0km，并宜布设为规则矩形。

6.2 航测外业

6.2.1 一般规定

1 像控点应布设在航向三度重叠范围内，困难时可布设在二度重叠范围内。

2 相邻航线之间的像控点应尽量公用，并应布设在旁向重叠中线附近，位于航向和旁向六度重叠范围内，困难时可位于五度重叠范围内。

3 分别布点时控制范围在像片上所裂开的垂直距离应小于 10mm，当条件受限制时应小于 20mm。

4 位于自由边的像控点连线应能控制住测图范围。

5 对于控制线路方案的重点工程地段，应增加像控点。

6 平原、微丘区测图时，像片高程控制点应采用全野外布点。

7 像控点距像片边缘应大于 15mm，离方位线的距离应大于 60mm，离开通过像主点且垂直于方位线的距离不应大于 10mm，困难时个别点位应不大于 15mm。

6.2.2 全野外布点应符合下列要求：

1　对于像片平面图的全野外布点,每张隔号像片应布设4个平高点,如图6.2.2-1。

2　对于立体成图的全野外布点,每个立体像对应布设4个平高点。当航摄比例尺分母大于4倍成图比例尺分母时,宜在像主点附近增设1个平高控制点,如图6.2.2-2。当控制点的平面坐标由内业加密得出时,增设的平高控制点可改为高程控制点。

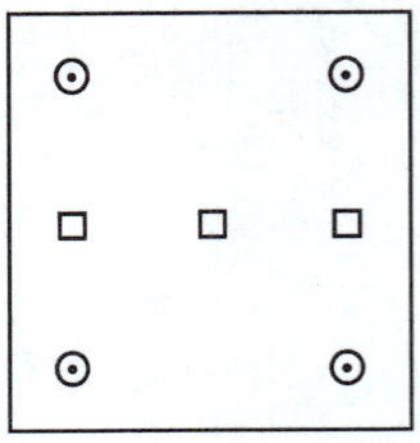

图6.2.2-1　像片平面图的全野外布点

⊙-平高点;□-像主点。

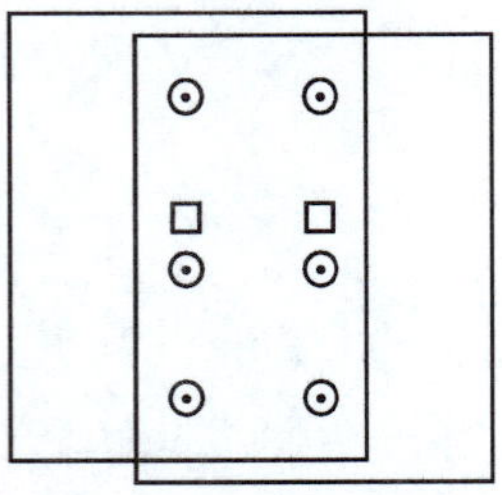

图6.2.2-2　立体成图的全野外布点

6.2.3　单航带布点应采用每一分段六点法,如图6.2.3。

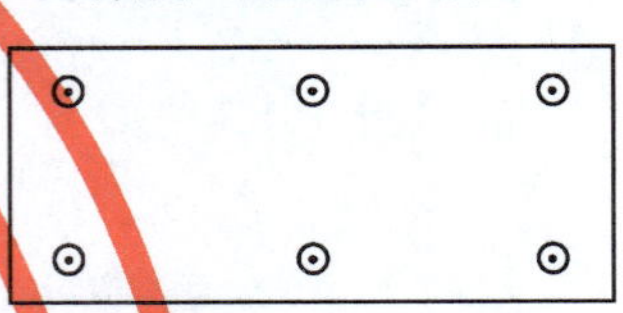

图6.2.3　单航带布点

6.2.4　航带首末端点间的间隔基线数不应大于表6.2.4-1～表6.2.4-4的规定。两端的上、下两点宜选在通过像主点且垂直于方位线的直线上,相互偏离不应超过1/2条基线;中央一对点宜选在两端控制点的中间,左、右偏离不应超过1条基线,并避免上、下两点同时往一侧偏离。

表6.2.4-1　1:500成图航带网布点首末端点间的间隔基线数

航摄比例尺	焦距＼地形类别	平　原	微　丘	重　丘	山　岭
1:2 000	305	10/*	10/*	14/12	14/12
1:2 500	305	8/*	8/*	12/8	12/8
1:3 000	305	6/*	6/*	10/6	10/6

表6.2.4-2　1:1 000成图航带网布点首末端点间的间隔基线数

航摄比例尺	焦距＼地形类别	平　原	微　丘	重　丘	山　岭
1:4 000	152	8/*	8/*	12/14	—/—
	210	8/*	8/*	12/12	12/16
1:5 000	152	6/*	6/*	10/10	10/16
	210	6/*	6/*	10/8	10/12
1:6 000	152	*/*	*/*	8/8	8/14
	210	4/*	4/*	6/6	6/10

表 6.2.4-3　1:2 000 成图航带网布点首末端点间的间隔基线数

航摄比例尺	焦距 \ 地形类别	平　原	微　丘	重　丘	山　岭
1:8 000	152	8/ *	8/ *	12/10	12/12
	210	8/ *	8/ *	12/8	12/12
1:10 000	152	6/ *	6/ *	10/8	10/10
	210	6/ *	6/ *	10/6	10/8
1:12 000	152	* / *	* / *	8/4	8/8
	210	4/ *	4/ *	6/ *	6/6

表 6.2.4-4　1:5 000 成图航带网布点首末端点间的间隔基线数

航摄比例尺	焦距 \ 地形类别	平　原	微　丘	重　丘	山　岭
1:20 000	152	8/ *	8/ *	12/10	12/12
	210	8/ *	8/ *	12/8	12/12
1:25 000	152	6/ *	6/ *	10/8	10/10
	210	6/ *	6/ *	10/6	10/8
1:30 000	152	* / *	* / *	8/4	8/8
	210	4/ *	4/ *	6/ *	6/6

注：上述四个表中，分子为平面控制点间隔基线数，分母为高程控制点间隔基线数，* 表示全野外布点。

6.2.5　区域网布点应符合下列要求：

1　当航带数为 2 条及以上时，宜采用区域网布点，其航带跨度应符合表 6.2.5 的规定。控制点间基线数与单航带相同，并应保证区域四周至少有 6 个平高点。

表 6.2.5　航带区域网允许的最大航带跨度数

比　例　尺	1:500	1:1 000	1:2 000	1:5 000
航带数(条)	4～5	4～5	5～6	5～6

2　当成图范围不规则时，可采用不规则区域网布点。凸出处应布设平高点，凹进处应布设高程点。当凹角点与凸角点之间距离超过 2 条基线时，在凹角处应布设平高点，如图 6.2.5。

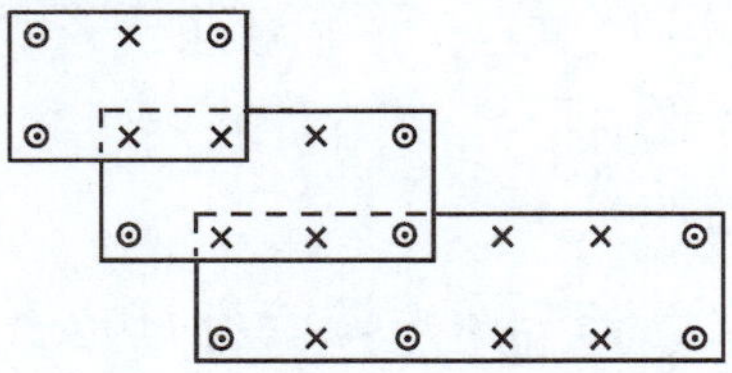

图 6.2.5　不规则区域网布点
⊙-平高控制点；×-高程控制点

6.2.6　特殊情况布点应符合下列要求：

1　航摄分区接合处像控点应布设在航带重叠区域，尽量使其公用。当不能满足公用要求时，应分别布点。

2 当遇到像主点、标准点位落水,但落水范围的大小和位置不影响立体模型连接时,可按正常航带布点,否则落水像对应按全野外布点。

3 海湾、岛屿、湖泊地区,应按全野外法布点,控制点位应能最大限度控制测绘区域。

6.2.7 像控点的选刺应符合下列要求:

1 像片平面控制点应选择影像清晰、棱角分明的明显地物点,实地判点误差应小于图上0.1mm。刺点误差和刺孔直径不得大于0.1mm,且应刺透,不得有双孔。

2 像控点宜选在近于直角的线状地物的交点或地物拐角上。在地物稀少地区,点位目标也可选在线状地物的端点或点状地物的中心。弧形及不固定的地物,不得作为刺点目标。

3 像片高程控制点的点位应选刺在高程变化较小的地方。

4 像片高程控制点的点位宜选在线状地物交点和平山头,不应选在狭沟、尖山头或高程变化急剧的斜坡上。当点位刺在高于地面的地物顶部时,应量注顶部与地面的比高。

5 像片平高控制点的点位目标,应同时满足平面和高程控制点对点位目标的要求。

6.2.8 像片控制点仅整饰刺点片,整饰应清晰、明了,同一测区不得有重号。

6.2.9 刺有像控点的刺点片,应在正面用直径为5~10mm的圆形整饰,并注记点名和高程。

6.2.10 像片背面应用铅笔在现场详细绘制点位略图,注上点名或点号,简要说明刺点位置和比高、刺点者、检查者(对刺者)及刺点日期。文字说明中指示方位时,宜用“上、下、左、右”。

6.2.11 航带间公用的点只在相邻航带的主片上转标,并应注上点号和说明刺点片号。当借用相邻测区的像片控制点时,必须转刺并按前述规定式样整饰。

6.2.12 像控点的平面位置测量可采用导线测量、GPS测量等方法进行,其点位中误差不应超过重要地物点平面位置中误差的1/5。像控点的高程可采用三角高程测量、水准测量和GPS测量等方法进行,其中误差不应超过基本等高距的1/10。具体作业要求按第5.2节图根控制测量的要求执行。

6.2.13 像片调绘应符合下列要求:

1 调绘范围应覆盖测图区域,调绘像片宜采用隔号像片。相邻调绘片接边时,右、下调绘面积线宜采用直线,左、上调绘面积线应根据邻片立体转绘。调绘面积线应尽量画在航向重叠和旁向重叠的中线附近,并应尽量避免分割居民点和其他重要的独立地物。在调绘面积线以外，应注明邻接像片号，无接边处应注明“自由图边”。

2　各种方位物、建筑物、管线、水系、道路、地貌、农田、植被、境界及各类名称等要素应准确调绘。

3　房屋应调绘至屋檐滴水线。距路线 100m 外的成片毗连房屋内侧的凸凹在图上小于 1.0mm，小块空院和空场在图上小于 $25mm^2$ 以及在图上小于 1.0mm 的次要巷道和死胡同等，均可进行综合取舍，但大块空地应当画出。无毗连的房屋应逐个调绘，并对房屋的建筑材料和层数进行注记。

4　地面、地下及架空管线除表示其位置外，应调绘输送物质。永久性的电力线、通信线、地下电缆的地面标志、铁塔如能在像片上判出，则以立体判读为准。在野外应区分出高压线、低压线或通信线，并在其转折处标明每条线路的走向。对于电杆位置不清的像片，除应标明其走向并逐个判刺电杆位置外，还应量出至相邻电杆的距离。居民区的管道和低压电力线可不表示。

5　河流、湖泊、池塘应绘出摄影时的水涯线。池塘的水涯线与岸边线在图上距离小于 1mm 时，水涯线可绘在岸边线位置上。水渠、贮水池的水涯线则以坎沿为准。水中和岸边的附属要素应调绘齐全，河流和沟渠还需标明流向。堤坝、河流、沟渠等在图上宽度大于 1mm 时，应用双线表示。缺水地区的井和泉应表示。

6　道路除调绘铁路、公路、大车路、桥涵、隧道、渡口及其附属设施外，人烟稀少地区的小路亦应调绘。公路、铁路应注明等级、通向、路基和路面的宽度以及铺面材料。以双线表示的道路，当其边线不明显时，需调注路宽和路的一条边至明显地物点的距离。道路的宽度应按道路类型分别计算，有铺装的道路宽度，应量取路肩端点间的宽度；无排水沟的大车路，应以实际使用宽度为准。乡村路则应选择主要的加以表示。

7　路堤、路堑、冲沟、陡坎、梯田坎等不能用等高线反映的天然或人工地貌元素，均应以相应符号调绘于像片上，其比高在 1m 以上时可在内业立体测图时予以测注，但在阴影遮盖的沟谷和隐蔽地区应由外业量注。

8　对于大面积成片分布的植被，调绘时可在像片内用文字作简注说明。在密林灌木丛地区，应调绘平均树高，并且在平均树高有变化的地方分别量注。多种植被混生于同一范围内时，宜只选择其主要的表示。

9　境界可只调绘县(旗)以上行政区界。除了通过实地询问调查外，亦可利用当地准确测绘的行政区划图。

10　地理名称注记应参照当地地名资料调查核实，正确注记。其内容包括居民地、道路、桥梁、市镇街巷、工矿企业、机关学校、医院、农(林)场、大型文化教育建筑、名胜古迹以及山岭、沟谷、河流、湖泊、港口等名称。

11　对航摄后拆除的建筑物应在像片上画掉，增加的建筑物可不表示。

12　当地物过于密集、地物间距离过小，无法在调绘片上按真实位置表示时应分清主次，可将次要地物移位表示，但不得改变地物间的相互关系；当移位后仍无法表示时，可将次要地物舍去。

6.3 航测内业

6.3.1 野外像控点的转点与内业加密点的选定应符合下列要求:

1 野外控制点不宜转刺,但应转标。需要转刺时,必须依据野外控制片上的刺孔、点位略图及点位说明综合判断,准确转刺。

2 加密点的选点要求应按第6.2.7条的规定执行。

3 区域网平差时,当相邻航带像片重叠错位,点位不能达到6片公用时,应分别选点,互相转标,如图6.3.1所示。

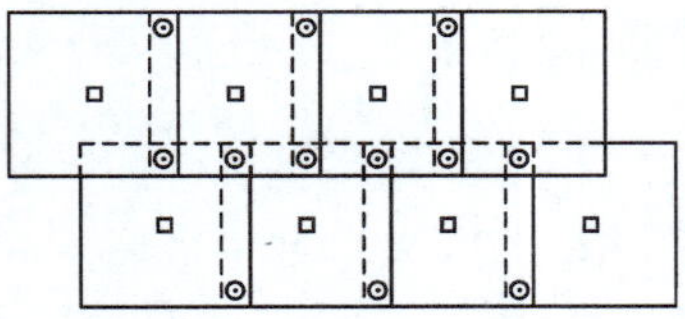

图6.3.1 像片旁向重叠错位时连接点的选刺

4 加密时,宜加入湖面、水库水面、GPS测量等辅助数据进行联合平差。

5 航带沿河道、山谷布设时,应注意标准点间的高差,不应出现相对定向不定性。

6 像控点宜用不易退色的细绘图笔在透明正片上准确相互转标并进行整饰。需要刺点时,像对内点位刺孔只准刺一次,2、4、6点刺在右像片上,其余刺在左像片上,刺出的点位应整饰。

7 加密点在同一测段或同一区域网中应统一编号,并注记于测绘面积外,点号不应重号。

6.3.2 应按式(6.3.2)进行加密点平面和高程中误差估算,内业加密点相对于最近野外控制点的平面和高程中误差不得大于表6.3.2-1、表6.3.2-2的规定。

$$\left.\begin{aligned} m_c &= \sqrt{\frac{[\Delta\Delta]}{n}} \\ m_p &= \sqrt{\frac{[dd]}{2n}} \end{aligned}\right\} \tag{6.3.2}$$

式中:m_c——控制点中误差(m);

m_p——公共点中误差(m);

Δ——控制点的不符值(m);

d——公共点较差(m);

n——评定精度的点数。

表6.3.2-1 内业加密点的平面位置中误差

地形类别	平原、微丘	重丘、山岭
图上平面位置中误差(mm)	±0.4	±0.55

6.3.3 加密成果资料应清晰、齐全,装订整齐,签署完备,作业中的重大技术处理应有记录。

表 6.3.2-2　内业加密点的高程中误差

比　例　尺	地 形 类 别	基本等高距(m)	高程中误差(m)
1:500	平原	0.5	—
	微丘	0.5	—
	重丘	1.0	±0.35
	山岭	1.0	±0.55
1:1 000	平原	0.5	—
	微丘	1.0	—
	重丘	1.0	±0.50
	山岭	2.0	±1.0
1:2 000	平原	1.0	—
	微丘	1.0	—
	重丘	2.0	±0.80
	山岭	2.0	±1.20
1:5 000	平原	1.0	—
	微丘	2.0	—
	重丘	5.0	±2.0
	山岭	5.0	±3.0

注：表中“—”表示不得内业加密。

6.3.4　影像图的应用与制作应符合下列要求：

1　在各设计阶段路线、桥梁、隧道、互通立交方案研究、位置选定时，应按表 6.3.4-1 选用相应的影像图。

表 6.3.4-1　影像图的用途

用　　途	种　　类	用　　途	种　　类
工程可行性研究	未经纠正的像片平面图	施工图设计及山区初步设计	正射影像图
平微区初步设计	纠正或概略纠正的影像图	设计各阶段	正射影像地形图

2　平原地区宜采用纠正像片平面图，丘陵、山岭地宜采用正射影像图，并在影像图上加注公里格网及地名等工程设计中重要的应用信息。

3　概略纠正的影像图或纠正像片宜以相应比例尺地形图作为底图，对像片进行比例尺概略归化，归化时应控制路线走廊内主要地物影像位移和变形。

4　像片纠正镶嵌时，各项限差应小于表 6.3.4-2 的规定。

表 6.3.4-2　纠正镶嵌限差规定

项　　目	底片刺点误差	纠 正 对 点	镶嵌、裁切线重叠、裂缝	片与片、带与带接边差
限差(mm)	0.08	0.6	0.2	1.2

5　在纠正点控制的像片应用面积内，当高差符合第 6.3.5 条第 4 款时可不分带纠

正;当分带纠正时,分带纠正的带数不宜超过3个带。高差按式(6.3.4)计算:

$$\Delta h \leqslant 0.001\frac{f_k}{r}M \tag{6.3.4}$$

式中:Δh——纠正点控制的像片应用面积内高差(m);

f_k——航摄仪主距(mm);

r——辐射中心至最远纠正点的距离(mm);

M——成图比例尺分母。

6 片与片间拼接时,应选在像片上纠正点连线附近,偏离值应小于10mm。

7 带与带间裁切线应以分带线为依据,裁切线应通过接边误差小、色调大致相同的地方,不宜通过重要地物。裁切线与线状地物交角宜正交,不宜沿河流、道路等处裁切,裁切线要光滑。

8 正射影像扫描作业中,基本扫描片的平面定向误差合理配赋后,相对于像片平面应小于0.03mm。

9 平原、微丘区正射影像的数据采集宜采用断面方式,重丘、山岭区宜采用等高线方式。等高线和地形特征点均应测绘在底图上。

1)采集格网点或断面点间的密度相对于正射影像图上的间距不得大于15mm。此外,在路堤、路堑、路肩、沟心、坎上、坎下等变坡处,应采集特征点。

2)沿等高线采集数据时,同一等高线在正射影像图上的点间距,对于平原、微丘区不得大于10mm,重丘区不得大于7mm,山岭区不得大于5mm。

6.3.5 全数字摄影测量系统作业中各项限差应符合下列要求:

1 透明正片的扫描分辨率不得大于25μm。

2 当框标自动识别定位或人工交互方式进行内定向时,框标坐标量测误差应小于0.02mm。

3 利用影像同名点匹配算法求解立体定向相对定向参数时,平原、微丘区相对定向的残余上、下视差应小于0.005mm,重丘、山岭区应小于0.008mm。

4 影像匹配后,立体模型的连接较差应满足式(6.3.5)的要求。

$$\left.\begin{aligned}\Delta S &\leqslant 0.06m\times10^{-3}\\ \Delta Z &\leqslant 0.04\frac{mf}{b}\times10^{-3}\end{aligned}\right\} \tag{6.3.5}$$

式中:ΔS——平面位置较差(m);

ΔZ——高程较差(m);

m——像片比例尺分母;

f——航摄仪主距(mm);

b——像片基线长度(mm)。

5 像控点坐标输入和影像匹配后,绝对定向的各项精度指标不应大于表6.3.5的规定。

表 6.3.5 绝对定向后的精度指标

项 目		精度指标
基本定向点残差		$0.75M_1$
多余控制点的不符值		$1.25M_1$
公共点的较差		$2.0M_1$
平面坐标误差	平原、微丘	图上 0.3mm
	重丘、山岭	图上 0.4mm
高程误差	平原、微丘	0.2m
	重丘、山岭	$0.75H_1$

注：M_1 为加密点的平面位置中误差；H_1 为加密点的高程中误差。

6.3.6 测绘地物、地貌应符合下列要求：

1 数据应按表 5.5.2 的规定进行分类、分层采集。

2 图面上人工修改的地物、地貌，必须在相应文件中同步进行修改。

3 地物、地貌测绘及地形图接边的要求应符合第 5.3.6 条、第 5.1.11 条的规定。

4 测绘范围宜在定向点连线以内，最大不得超过像片上定向点连线外 10mm。

5 地物与地貌要素的测绘应按照外业定性、内业定位的原则作业。

6 每个像对测完后必须经检查才能从仪器上取下。每幅图测完后，应认真进行自检和互检。图历簿应填写完整并签名。

7 测绘成果的图形文件宜采用 DXF、DWG、DGN 或 ASCII 格式。

8 在测绘依比例尺表示的地物时，应以测标中心切准轮廓线或拐角打点连线；在测绘不依比例尺表示的地物时，应以其定位点或定位线确定。测绘等高线时，应以测标立体切准模型描绘。宜先绘计曲线，再绘首曲线。当首曲线不能显示出地貌特征或平坦地区首曲线在图上间隔大于 50mm 时，应加绘间曲线。在等倾斜地段，当相邻两计曲线间距离在图上小于 1mm 时，可只测绘计曲线，首曲线可以插绘或不绘。

9 对于路线、地质、水文各专业所需的专用点，路线附近的沟心、谷底、鞍部、山顶、变坡处、坎顶、坎底、公路路面与铁路轨面每隔一定的距离、道路交叉及不能用等高线表示出地貌特征的地区，主要河流、湖泊及较大水塘的水边均应测注高程注记点。高程注记点应切读 2 次，读数较差在测制 1:500 地形图时宜小于 0.1m，取中数注至 0.01m；其他比例尺测图读数较差宜小于 0.3m，取中数注至 0.1m。

10 地物符号库、线型符号库和汉字库必须按规定的图形符号和制图标准建立。

6.3.7 图形编辑时，地形图的各种符号、数字及文字注记位置恰当，不应与重要地物、地貌重叠。在交互式编辑等高线、水系等线状地物时，必须采用“捕捉”功能，曲线接头处应光滑圆顺。地类界、行政区划等封闭图形必须作闭合检查。

6.3.8 内业成果成图的检查应分两级进行：

1 首级检查为各工序内的过程检查、仪器上自查、各工序间资料交接时的自检和互检,对未达到精度要求的应作细致分析、查找原因,必要时重新上仪器补测或返工重做。工序内检查情况逐项记入图历簿中。

2 第二级检查为基层单位检查。在工序检查的基础上采用重点抽样方式进行,包括对各工序作业过程检查和上仪器检查。并应对质量进行评价(优、良、合格、不合格),检查结果记录于图历簿中。

6.4 资料提交

6.4.1 航带设计应提交下列成果资料:

1 公路路线方案地理位置图,图中以经纬度标注出航摄区域范围。

2 航带设计略图,图中以适当比例尺绘制摄区 1:50 000(或 1:25 000、1:10 000)地形图图幅结合图,注明图号,在结合图中概略标出各航摄分区范围并标注分区号。

3 航带设计采用的航摄比例尺、设计用图比例尺、航摄仪像幅尺寸、航片的航向及旁向重叠度等基本参数。

4 航带设计的路线名称、路线总长、航摄分区数,各航摄分区的航带数及航带长、航摄面积和基本像片数,整个摄区的航带总数及航带总长、航摄总面积和基本像片总数。

6.4.2 航摄单位应提交下列成果资料:

1 航摄实施情况报告书。

2 航摄仪检定数据。

3 航摄成果的移交清单及质量状况记录。

4 航摄底片。

5 航摄像片索引图。

6 航摄像片。

6.4.3 航测外业成果资料应包括下列内容:

1 技术设计、技术总结。

2 观测手簿或原始观测数据磁盘。

3 控制像片、调绘像片及结合图。

4 计算手簿、像控点联测略图、检查验收报告。

6.4.4 航测内业应提交下列资料:

1 像片类:控制刺点片、野外调绘片、作业涤纶正片或扫描像片数据。

2 资料类:航测外业控制测量及像片联测成果、电算加密成果、图幅设计资料、路线方案资料、图历簿、检查记录、技术设计书、数据电子文档、检测成果及技术总结等。

3 图纸类:地形图、影像图、路线方案及控制导线图、加密点位略图、分幅略图等。

7 数字地面模型

7.1 一般规定

7.1.1 公路数字地面模型应能满足任意点或断面的地面高程插值计算、等高线生成、路线平面图、地形透视图的制图，以及距离、坡度、面积、体积的量算等要求。

7.1.2 作业前应按公路等级和设计阶段对地形处理的要求，确定建立 DTM 的精度、数据获取手段、方式、采样点密度、构建 DTM 的方式、应用成果内容以及与路线设计软件的接口方式等，并制定出作业技术设计书。

7.1.3 应按随机抽样法对 DTM 产品的属性质量和数据处理精度进行评定。抽取的检查点应以靠近地形特征线、特征点附近的样点为主，检查点的数量不宜少于三维采样点总数的 10%。也可采用检查三角网或格网与等高线套合情况、根据不同的三维图形窗口检查地形特征线是否完整、DTM 图形是否异常、DTM 模型是否进行过优化等标准进行质量评定。属性质量可通过检查数据文件中的特征代码及 DTM 图形的特征线是否完整来进行评价。

7.1.4 基础数据的精度应符合以下要求：

1 DTM 高程插值中误差按式(7.1.4)计算。

$$m = \pm\sqrt{\frac{[\Delta H_i \Delta H_i]}{n-1}} \quad (i = 1,2,3\cdots n) \tag{7.1.4}$$

式中：m——DTM 高程插值中误差(m)；

ΔH_i——检查点高程与插值高程较差(m)；

n——检查点点数。

2 以摄影测量为数据源生成的 DTM，其高程插值相对于邻近高程控制点的高程中误差应满足表 7.1.4-1 的规定。

3 以地形图数字化为数据源生成的 DTM，其高程插值相对于原地形图的高程误差不得超过原图等高距的 1/2。

地图数字化时，图纸定向后应选择若干方格网点作为检查点，其数字化坐标值与理论坐标值差不应超过图上 ±0.3mm，超限时应检查原因或重新定向。图幅接边误差应小于平面位置中误差的 $2\sqrt{2}$倍。

表 7.1.4-1 摄影测量数据的 DTM 高程插值精度

采集数据的比例尺	地形类别	中误差(m)	采集数据的比例尺	地形类别	中误差(m)
1:500	平原	≤±0.2	1:2 000	平原	≤±0.3
	微丘	≤±0.4		微丘	≤±0.5
	重丘	≤±0.5		重丘	≤±1.1
	山岭	≤±0.7		山岭	≤±1.6
1:1 000	平原	≤±0.25	1:5 000	平原	≤±0.4
	微丘	≤±0.45		微丘	≤±0.9
	重丘	≤±0.7		重丘	≤±2.6
	山岭	≤±1.3		山岭	≤±4.0

扫描矢量化时图形定位控制点的扫描误差不得大于 0.1mm,相对于工作底图,矢量化后的扫描点位误差不得大于 0.15mm,线画误差不得大于 0.2mm,接边误差不得大于扫描输入方式的平面位置中误差的 $2\sqrt{2}$倍。

4 以野外实测数据生成的 DTM,其高程插值相对于最近高程控制点的高程中误差应满足表 7.1.4-2 的规定。

表 7.1.4-2 野外实测数据的 DTM 高程插值精度

地形类别	中误差(m)	地形类别	中误差(m)
平原	≤±0.2	重丘	≤±0.5
微丘	≤±0.4	山岭	≤±0.7

7.1.5 各分区 DTM 接边时,不应出现漏洞、重叠,其起始、结尾坐标数据应吻合,接边误差不得大于高程插值中误差的 2 倍。满足精度要求范围内的接边误差,应在编辑时予以修正。

7.2 数据获取

7.2.1 原始地面数据的采集宜以摄影测量方式为主,亦可通过野外地面实测或利用已有地图数据库数据、对原有地形图数字化等手段获取。

7.2.2 数据采集宜以摄影像对、地形图图幅或按公路设计桩号以公里数为单元进行,数据记录以米为单位,小数取位根据采样记录设备的不同宜取至小数点后 2~3 位。

7.2.3 数据点采样应根据地形起伏变化的实际情况采点,应优先准确采集测区内地形特征线和地形特征点,不得遗漏对构建 DTM 的精度起决定作用的地形三维特征信息的采集。沿地形特征线采集数据时,应根据地形的实际起伏情况适当加密采样点。不同地形交界处的点位密度应逐渐过渡,并应用地形特征线的形式采集表达。

7.2.4 数据采集的要求如下：

1 当采用摄影测量方法进行数据采集时，在植被覆盖密集或阴影严重地区，应实地补测地面三维数据。野外补测数据时，应注意首先采集地形特征线、特征点的三维信息，地形离散点密度根据设计阶段及地形类别确定。

1)对于顾及地形特征点、线三维信息的三角网模型(TIN)，应以选择性采样为主。作业人员应首先准确采集测区内地形特征线、特征点的三维信息，以此为建立 DTM 的地形三维骨架信息，配合采集其他分布位置合理、密度适中的地面点数据，完成地面数据采集。

2)对于格网与三角网的混合模型(GRID + TIN)，地形三维数据的采集方法应以整体规则格网(局部地形起伏较大处用细格网加密)与交互式的地形特征线、断裂线采集的组合方式为主。

2 当采用地形图数字化方法时，图纸定向过程中应选择目标清晰、控制范围大的定向控制点，数量不应少于 4 个，并应选择适量的格网交点进行检查。矢量化后采集地面三维数据时应根据地形类别，采用与摄影测量选择性采样相类似的方法，判断并采集图幅范围内的全部地形三维特征线、全部的高程注记点、部分等高线上点的三维数据。对于已有的数字化地形图文件，应检查相应电子文件中各种地形、地物要素表示的方式。

3 当采用野外实测方法时，除可采用全站仪、光电测距仪或利用三维激光扫描方式外，在条件许可时，还可利用 GPS RTK 方式采集地形、地物的三维坐标及属性信息。野外实测采集三维数据时应根据地形类别，采用选择性采样方式采集密度合理的三维数据。同时应特别注意实地采集地形特征线、特征点等重要的三维信息。

4 利用地形图数据库数据时，应对数据库中数据的来源、内容、性质、比例尺及精度等进行检查。

5 数据采集的形式应根据公路设计要求、外业或内业采集方式、采集设备等条件进行合理安排。采集形成的三维地形数据文件应记录地形及地物的多种属性信息，并包含采样点的 X、Y、Z 信息。原始数据应以下列各种采样方式或组合方式获取：

1)沿地形特征线采集线串的平面坐标及高程{X、Y、Z}。

2)采集地形三维特征点及离散点的平面坐标及高程{X、Y、Z}。

3)全局规则格网加局部地形特征线及特征点的平面坐标及高程{X、Y、Z}。

4)沿等高线采集线串的平面坐标{X、Y}，并给定每一独立线串的高程 Z。

5)按断面形式采集离散点的平面坐标及高程{X、Y、Z}。

6)采集地物点的平面坐标及高程{X、Y、Z}。

7)按规则格网形式采集点的平面坐标及高程{X、Y、Z}。

7.2.5 地形、地物数据均应赋予特征信息码。特征信息码应统一格式，便于使用。

7.2.6 数据文件的内容及要求如下：

1 采样数据文件名宜包含工程名称和采样单位编号，其说明文件的内容应包括：

1)基本说明：工程名称、采样范围及其接边关系、平面及高程坐标系统、比例尺、采样方式及数据来源等。

2)附加说明:数据采样日期、单位、作业员、仪器说明以及记录格式和地物编码的补充规定等。

2 原始采样数据以 ASCII 码记录为宜,每一采样单位内的数据应按地形、地物分文件存放。在实际作业过程中,还可以根据任务书及建立 DTM 软件具体功能的要求,选择存储为 DWG 或 DGN 格式的三维图形文件。图形文件中地形特征线、特征点、等高线等要素宜按表 5.5.2 的规定分层、分属性存放。

7.2.7 采样点间距应符合表 7.2.7 的规定。

表 7.2.7 采样点间距

采样方式	地形类别 \ 比例尺	1:500	1:1 000	1:2 000	1:5 000
野外实测(m)	平原、微丘	≤10	≤20	≤40	≤100
	重丘、山岭	≤5	≤10	≤20	≤50
摄影测量、地形图数字化(m)	平原、微丘	≤5	≤10	≤20	≤50
	重丘、山岭	≤2	≤5	≤10	≤30

7.2.8 地物点、地形特征线或其他精度要求较高的数据点当采用摄影测量或地形图数字化方法时,应按离散点方式逐点采集。当采用野外测量方法采集数据时,跑点人员宜一次完成同一条地形特征线上点的测量并正确记录属性代码。

7.2.9 每一采样单位内应采集一定数量的检查点,检查点应均匀分布且应尽量靠近地形特征线、特征点,检查点文件应单独存放。

7.3 数据编辑和预处理

7.3.1 数据录入应采用文件交换方式,并进行字符检校,少量的可采用人工键入,但应作校核,及时改正错码、误码,补入遗漏数据,并作备份、归档保存。

7.3.2 数据编辑:

1 对来源不同的多源数据除应进行文件格式统一性的检查外,还应进行坐标转换、数据分类、统一格式与编码、数据文件的综合或分割及接边处理,并按数据类别进行数据规格化管理或建立数据库。应重点检查地形特征线的属性代码是否统一、正确。对于建筑物、街区、道路、场地等规则地物,应对其垂直性、平行性及闭合性等内容进行检查和处理。

2 对于来自等高线地形图的 DEM 原始三维数据，应利用等高线之间的拓扑关系来进行数据的粗差检测与剔除。

3 对原始采样数据应进行粗差检查与剔除，可采用计算机自动挑错法、人机交互挑错法、分段预生成的 DTM 分层设色法、DTM 内插的等高线与已有地形图等高线套合法等检查方法，排除错误后应及时更新原始三维地形数据文件。

7.3.3 数据预处理时应对通过不同数据源所获取的各种数据进行坐标统一归算、数据分类、统一格式与编码、数据文件的综合（分割）和接边处理，并按数据类别进行数据规格化管理或建立数据库。

7.4 DTM 构建

7.4.1 公路数字地面模型宜采用考虑地形特征点、线三维信息的三角网模型（TIN）或格网与三角网的混合模型（GRID + TIN）的方式构建。对于中、小比例尺及工程项目工可阶段的应用，可采用规则格网模型（GRID）。

7.4.2 构建数字地面模型时，尤其是在工程设计阶段及大比例尺采集数据的实际应用时，应考虑对地形特征线、断裂线和地物的处理。

7.4.3 三角网模型（TIN）在构网时应按以下要求进行：

1 地形三维特征线的线段在构建三角网模型（TIN）时，应优先作为三角形的边进行处理。

2 构网时应首先将地形特征线、空白区域外边缘线和作业范围外缘线作为三角形的边。

3 所有三角形均不得相交和重复。

4 三角形的三个内角宜为锐角。

5 空白区域内部和作业边缘区域外部应不构成三角形网络。

6 建立三角网 DTM 时，应先对预生成的三角网进行优化处理，消除 DTM 内不应出现的平三角形以及 DTM 边界处的异常大三角形。

7.4.4 三角网模型（TIN）可适用于以下方面：

1 可适用于采集点精度及位置要求高、点数相对较少的工程项目测设的各阶段。

2 三角网模型（TIN）的数据可用各种独立方法采集数据或多种方法联合采集的多源数据。

7.4.5 矩形格网与三角网混合模型（GRID + TIN）应按以下要求进行：

1 当用混合建模方法时，应首先将利用规则格网方式采集的地形点按矩形格网模型构网,其格网节点的高程可利用其他模型内插计算获取。

2 当数据中包含地形三维特征线时,应将规则格网沿地形特征线两侧局部再分解成不规则三角网,且地形三维特征线的线段必须作为三角形的构网边进行处理。

3 数据点呈规则分布时,独立点影响区域的边界可由格网网络或三角形网络决定。

4 数据点呈不规则分布时,影响区域应由三角形网络决定。

7.4.6 规则格网与三角网混合模型(GRID + TIN)可适用于以下方面:

1 适用于工程项目的工可及初测阶段。

2 利用全数字摄影测量系统采集的格网数据或从既有数据库中提取规则格网的三维信息,顾及地形特征线、离散点数据建立模型时,应采用规则格网与三角网的混合模型(GRID + TIN)。

7.4.7 当用规则格网建模方法时,应首先将利用规则格网方式采集的地形点按矩形格网模型构网,其格网节点的高程也可通过其他模型内插计算获取。

7.4.8 矩形格网模型(GRID)可适用于以下方面:

1 适用于地形图比例尺较大的工程项目,实际应用中可用于工可及初测阶段。

2 适用于全数字摄影测量方法采集或从既有数据库中提取规则格网的三维信息建立地面模型。

7.5 DTM 成果应用

7.5.1 数字地面模型可应用于公路勘察设计的各个阶段,应用于施工图测设阶段时,原始三维地面数据必须野外实测采集,且 DTM 高程插值中误差应不大于 ±0.2m。

7.5.2 点高程插值:

待定点的高程插值计算方法宜根据原始地形三维数据的采集方法及工程设计人员所应用的 DEM 软件包的功能选用线性内插、双线性内插、逐点内插等方法。

7.5.3 纵、横断面插值:

1 纵、横断面高程内插值可通过线性内插和双线性多项式内插求取。

2 当采用三角网模型计算高程时,待定点高程内插宜采用线性内插或双线性内插。

3 当用矩形格网与三角网的混合模型计算高程时,待定点的高程内插宜采用双线性内插。

4 数字地面模型确定待定点高程时,应对畸义性插值结果进行探测与修正。

5 利用各种地面模型计算公路纵、横断面地面线时宜采用等间距插点法,中桩桩距和横断面取值间距应符合表7.5.3的规定。当地形变化比较平缓时，可取其较大值；当地形变化较大时，应取其较小值；对个别应特别控制的路段，应根据需要按第9.2节、第9.4节的要求取值。当路线处于地形类别高的复杂地区及应用带有地形特征线信息的DTM时，宜采用求取纵断面线段与各相交三角形、格网边线或交点的方法获得纵断面地面线上点的三维坐标，获得更为精确的纵断面地面线。

6 利用三角网模型、矩形格网与三角网的混合模型计算横断面地面线时，宜通过求取横断面线与各相交三角网、格网边线交点的方法获得横断面地面线上点的三维坐标；其他模型可按表7.5.3规定的间距采用等间距逐点插值法生成。

表7.5.3 纵、横断面插值间距

设计阶段		中桩桩距(m)	横断面取点间距(m)
初步设计	方案比选	20~50	5~10
	优化设计	10~30	2~5
施工图设计		5~20	1~2

7 横断面地面线的计算宽度应满足公路设计的需要。

8 内插生成的横断面地面线应进行适当的野外核查。

7.5.4 在全数字摄影测量系统中，应依照划分的最小纠正单元，采用点元素纠正和线元素微分纠正方法获取正射影像。

7.5.5 等高线可通过三角网模型或矩形格网与三角网的混合模型进行等值线自动追踪生成。利用DTM内插生成的等高线可与已有地物、地貌、各种注记、格网等数字图形信息叠加在一起生成数字地形图供工程设计使用。数字地形图的分层标准应按第5.5.2条的规定执行。

7.5.6 用DTM生成的各种图形应能进行交互式图形编辑，包括图形的显示、增补、修改、删除、平移、旋转、注记和接边等，并能进行按层编辑和层的叠加、剪裁及消隐等操作。对图形数据的修改必须仅限于非测量数据。

7.6 资料提交

数字地面模型及应用应提交下列资料：

1 技术设计书。

2 原始采样资料。

3 记录及检查手簿。

4 采集数据说明文件。

5 属性数据的分类编码。

6 DTM 产品成果及记录格式说明。

7 产品检查报告。

8 技术总结。

8　初测

8.1　准备工作

8.1.1　应根据初测需要，搜集与项目相关的技术、经济、社会及自然条件等资料，具体如下：

1　三角点、导线点、水准点、GPS点等测量控制点及各种比例尺的地形图、航测像片等资料。

2　沿线自然地理概况、地质、水文、气象、地震基本烈度等资料。

3　沿线铁路、公路、航运、城建、农林、水利、电力、通信、文物、环保、国土资源、国防等部门与本项目有关的规划、设计、规定、科研成果等资料。

4　改(扩)建公路还应搜集原有公路的测设、施工、养护、路况及交通量等资料。

8.1.2　应根据批复的工程可行性研究初步拟定的路线起终点、中间控制点及基本走向方案，在地形图、数字地面模型或航测像片上进行研究，初步确定初测的勘测方案。

8.1.3　应根据初步确定的勘测方案编写工作大纲和技术设计书。在工作大纲中应写明测设组织形式、测设人员、人员分工、工作阶段划分、各阶段工期、质量保证措施等，在技术设计书中应写明资料搜集及可利用情况、仪器设备状况、测设内容、测设方法、测设深度、采用的技术标准及提供的资料等。

8.2　现场踏勘

8.2.1　应根据准备阶段确定的初拟勘测方案，对下列主要内容进行现场踏勘：

1　核查所搜集地形图的地形、地物的变化及对初拟方案的影响。

2　沿线居民点、农田水利设施、主要建筑设施和不良地质的分布情况及对初拟方案的影响情况，并对初拟方案作出相应的调整。

3　沿线各种地上(下)管线、重要历史文物、名胜古迹、旅游风景区、自然保护区、景观区(点)等的分布情况，并据此调整初拟方案或拟定相应的环保措施。

4　对沿线重点工程和复杂的大桥、中桥、隧道、互通式立体交叉等，应逐一落实其位置与设置条件。

5　对重要的路线方案、与地方规划或设施有干扰的方案，应征求当地政府或主管部门的意见。

6 改建公路应对原有旧路的路线线形、路基、路面、桥涵、防护和排水系统、交通事故与主要病害情况进行踏勘。

8.2.2 对搜集的国家及有关部门布设的控制点的完好程度及可利用性进行检查,根据测区地形、植被覆盖情况结合技术条件确定控制测量方案。

8.2.3 通过现场踏勘确定初测路线地形图测图范围和地形图测量方案。

8.2.4 应调查沿线气象及交通条件等,确定外业勘测方案。

8.3 控制测量

8.3.1 各级公路的平面与高程控制测量等级选定、精度指标等应按第4章要求执行。

8.3.2 应根据公路等级、路线所在地区的地形和作业条件、拟投入的仪器设备、国家控制点的数量和分布位置等,确定测量控制网的精度等级、布网方式和作业方式。

8.3.3 二级及二级以上公路必须进行平面与高程控制测量。三、四级公路宜进行平面控制测量,应进行高程控制测量。路线平面控制测量宜采用导线测量形式,高程控制测量宜采用水准测量形式。

8.3.4 可首先布设首级控制网,然后加密与公路、构造物等级相适应的控制网,亦可一次性布设与公路、构造物等级相适应的控制网。

8.4 地形图测绘

8.4.1 各等级公路均应根据设计需要进行地形图测绘。地形图成果宜首选数字地形图。

8.4.2 根据路线所在地区的地形、地物和植被覆盖情况、公路等级及所具备的经济、技术条件等,确定地形图的测绘方式,地形图比例尺、等高距的选择、精度要求应按第5章规定执行。测图比例尺一般应采用1:2 000或1:1 000,工点地形图可采用1:500~1:2 000。

8.4.3 地形图的测绘范围应根据公路等级、地形条件及设计需要等合理确定,应能满足线形优化及构造物布置的需要。二级及二级以上公路中线每侧不宜小于300m。采用现场定线法时,地形图的测绘范围中线每侧不宜小于150m。高速公路和一级公路采用分离式路基时，地形图应覆盖中间带；当两条路线相距很远或中间带为大河与高山时，中间地带的地形图可不测绘。

8.4.4 采用平板测图时，其技术要求应符合第5章的有关规定；采用摄影方法测图时，其技术要求应符合第6章的有关规定；当需建立数字地面模型时，还应符合第7章的有关规定。

8.4.5 当公路等级低且无须利用地形图进行纸上定线时，亦可利用纵、横断面资料，配合仪器测量现场勾绘地形图。

8.5 路线勘测与调查

8.5.1 路线定线时，应充分了解并掌握沿线规划以及地形、地貌、地质、水文、气候、地下埋藏、地面建筑设施等情况。

8.5.2 纸上定线应进行的勘测内容：

1 应将具有特殊要求和控制的地点、必须绕避的建筑物或地质不良地带、地下建筑和管线等标注于地形图上。

2 越岭路线需进行纵坡控制的地段，应在地形图上进行放坡，并将放坡点标示于图上。

3 路线上一般地形变坡点的高程可从图上判读，对高程要求较严格的路段和地点如河堤、铁路、立体交叉、水坝、干渠、重要管线交叉等应实测其高程，点绘纵断面图。

4 应对高填深挖地段、大型桥梁、隧道、立体交叉以及需要特殊控制的地段进行实地放桩，进行纵、横断面测量。

5 应在地形图上点绘或实测控制性横断面。

8.5.3 现场定线应进行的勘测内容：

1 现场定线一般只适用于三、四级公路的线路选取。

2 现场踏勘前，应在地形图上确定控制点、绕避点，选择路线通过的最佳位置。

3 越岭路线或受纵坡控制的路段，应选择好坡面及展线方式进行放坡试线。

4 现场定线时，可采用直接定交点法、延长直线钉设转点或交点的方法确定路线交点位置。直接定交点法一般可用于地形平坦、地面目标明显、路线受限不严或旧路改建等工程。延长直线钉设转点或交点时应符合以下要求：

1)交点至转点或转点间距离，宜控制在50~500m之间；当点间距离小于50m时，应设置远视点。

2)正、倒镜的点位横向偏差每100m不应大于5mm；当点间距离大于400m时，最大点位差不应大于2cm。三级及三级以下的公路，点位差值可放至2倍，符合以上偏差范围时,可分中定点。

3)延长直线时,前、后视距离宜大致相等。当距离小于100m时,应用测钎或垂球对点;当距离较远时,可用花杆对点,并以杆脚为照准目标,如有困难时至少应照准花杆的下半部分。

5 选设的交点和转点作为测量控制点使用时,应进行护桩并按照二级平面控制测量的要求测定角度和长度。如交点和转点不作为测量控制点使用,应将交点和转点与路线控制测量点联测,求定交点和转点坐标。

8.5.4 不管是纸上定线还是现场定线,均应根据专业调查需要,进行路线放线。路线放线可采用极坐标法、GPS RTK法、链距法、偏角法、支距法等方法。

8.5.5 采用极坐标法、GPS RTK法放线时,其要求应按照第9.2.4条执行。

8.5.6 采用链距法、偏角法、支距法敷设中线时,应符合表8.5.6的要求。

表8.5.6 中线放样闭合差

项目 \ 公路等级	高速公路,一、二级公路	三级及三级以下公路
角度闭合差(″)	$30\sqrt{n}$	$60\sqrt{n}$
长度相对闭合差	1/2 000	1/1 000

8.5.7 定线放桩的密度应满足勘测与调查的需要。放桩桩位、中桩高程及横断面测量精度要求按定测中路线中线敷设的要求执行。当能利用地形图的地形数据构建相当于1:2 000地形图精度的数字地面模型时,中桩的高程和横断面可在数字地面模型上内插获得。

8.6 路基、路面及排水勘测与调查

8.6.1 应根据沿线地形、地貌、地质构造、地震动峰值加速度系数、水文及水文地质等特征,对影响路基、路面及排水设计的相关因素和条件,进行勘测与调查。

8.6.2 路基、路面及排水应勘测与调查的内容:

1 沿线地形、地貌、地质构造、地震动峰值加速度系数、水文及水文地质等特征。

2 路线所在地区的公路自然区划及其特征。

3 沿线气象资料,包括气温、风速、风向、降水量、日照期、年蒸发量、无霜期、冰冻期及冰冻深度、积雪期及积雪厚度,以及风吹雪和风吹沙对路基、路面的影响程度。

4 沿线水系分布基本特征、相互关系及对路基、路面的影响。查明地表水、地下水、裂隙水等的位置、流量、流向,拟定设置排水沟(渠)的形式、进出水口的位置、排水沟渠的

加固措施。

5　沿线农田水利设施的现状、特点、发展规划，农田耕地表土的工程性质及厚度。公路通过农田、洼地，应调查地表的积水深度、积水时间，拟定路基排水和加固措施。

6　沿线城镇供、排水系统和设施的现状、特点、发展规划，公路排水设计与城镇排水系统和设施的配合及利用条件。

7　沿线地表积水，地表径流，地下水的水位、流量、流速、流向、移动规律、季节性变化及其对路基、路面稳定性的影响。搜集路面设计重现期内降雨量强度（mm/30min）资料，拟定路面排水措施。

8　高填、深挖路基的位置、地形地貌特征及山体的稳定性。

9　原有公路路基及路线附近既有工程填筑或开挖边坡坡度、高度及自然山坡的现状。

10　路线附近既有工程路基、路面的工作现状及常见病害。

11　路线所经地区植被的主要种类、茂密程度等。

12　调查沿线当地路面材料的产量和质量，调查分析路线所在区域已有工程的路面结构类型、结构组合、材料级配组成以及路面使用状况，分析已有工程路面损坏、破坏的原因、机理。

8.6.3　浸水路基应勘测与调查的内容：

1　沿河路基和河滩路堤

1）应查明沿河水位、水流特性及对路基的影响。

2）调查河岸地形、地貌、地质构造、岩土特征。

3）应查明河流性质、发育阶段、河滩堆积物质及其颗粒组成、漂浮物、冲淤等及对路基稳定性的影响。

4）应查明河面宽度、河床能否压缩及压缩河床后对河流上、下游和河流两岸的影响。

2　水库路基、沿湖（塘）路基、沿海路基及滞洪区、分洪区路基

1）水库路基应查明水库类型、等级、设计水位、水深、设计库容量、设计洪水频率、水库修建时间、库坝建筑材料及现状、水库淹没范围、水库泄洪对下游的影响、库区风向、风速、浪高、淤积等，并测量坝顶高程。

2）沿湖（塘）路基、沿海路基应查明湖（塘）、海（潮）常水位、最高水位、水深、浪高及湖、海岸变迁、淤积等情况。

3）滞洪区、分洪区路基应查明淹没时间、最高洪水位、浪高、洪水流动方向和规律。

8.6.4　特殊地质、不良地质地段路基、路面勘测与调查的内容：

1　应查明特殊地质、不良地质地段的位置、特征、地形地貌生成原因、性质、发展规律、影响范围及对路基、路面的影响。

2　应查明软土、膨胀土等特殊岩土以及含水量高的黏土埋藏深度、土质及颗粒组成、含水量、液限、塑限等指标。

3 特殊地质、不良地质和特殊岩土地段应进行地质勘探。

8.6.5 改河(沟渠)工程勘测与调查的内容:

1 改河(沟渠)的河段起点及河道两岸的地理、地质环境。

2 应查明现有河(沟渠)道的水位(包括最高水位、中水位、低水位)、水深、流向、流速、宽度、横断面形状、河床纵坡坡度以及冲刷与淤积的情况。

3 改移河(沟渠)道后对上、下游及两岸的影响。

4 改河(沟渠)产生的废方废弃的位置及运距,原河道(沟渠)的处理措施或复垦的可能性。

5 改河工程应进行必要的地质勘探,查明地质条件、土石成分,并拟定防护及导流的措施。

8.6.6 改建公路路基、路面勘测与调查的内容:

1 原有公路的等级、技术指标、修建年份和历次改建情况、路基宽度、路面宽度、路面结构及各层厚度、交通类型及交通量、历年交通增长率的调查。

2 原有人工构造物的位置、结构形式,路基、路面排水状况、排水构造物的工作状态。

3 应查明原有公路病害路段的位置、病害的类型、性质、范围等,确定防治措施。

4 原有公路路基填、挖方边坡高度、边坡的稳定值。

5 原有公路使用状况和养护资料。

6 对原有公路路面、桥涵、排水及防护等人工构造物进行现场观测或技术鉴定,拟定利用或改造的措施。

8.6.7 防护工程勘测与调查的内容:

1 调查山坡土体的稳定性,坡面、坡脚受水流冲刷及地下水出露情况。

2 山坡坡面变形特征(包括坡面滑移、剥落、坍塌等)。

3 调查沿线既有防护工程的常用形式及防护效果。

4 防护构造物设置位置、形式和长度,地质条件特别复杂、防护工程规模较大的工点应进行控制测量,并测绘 1:500 ~ 1:1 000 的地形图。

5 根据设计要求进行地质勘探,查明基底地质条件。

8.6.8 取土(料)及弃土勘测与调查的内容:

1 取土(料)勘测与调查:

1)路侧取土或线外取土坑的位置、土壤种类、工程性质、取土坑(场)表面覆盖物及厚度、取土深度及范围、取土方式、取土季节、估计可取土数量、占地及赔偿办法。

2)沿线可供筑路的工业废渣的工程性质、储量、购买价格、路用价值等。

3)评估路侧取土或线外取土后对路基、路面、农田灌溉和周围环境的影响,并确定防治措施或探讨综合开发与利用的可能性。

4)取土坑(场)、工业废渣料场至上路桩号的距离、运输条件,修建便桥、便道的长度。

2 弃土调查:

1)计算路基开挖产生弃方的起讫桩号及弃方数量,可否运至附近低洼地废弃或就地废弃。

2)弃方集中堆弃的位置、可堆弃的数量、占地及赔偿办法。

3)弃方的运输条件、方式及运距,修建便桥、便道的长度,占地数量及赔偿办法。

4)评估弃土场堆置弃土后对地表排水、农田灌溉和周围环境的影响,并确定防治措施。

8.7 小桥涵勘测与调查

8.7.1 小桥、漫水桥以及复杂涵洞、改沟工程、人工排灌渠道等,一般应放桩并实测高程与断面。当地形及水文条件简单时,可在1:2 000地形图上查取或采用数字地面模型内插获取,但应进行现场校对。

8.7.2 小桥涵(包括漫水桥、过水路面、倒虹吸、渡槽)的勘测,应实地调查小桥涵区域排水体系、农田排灌、地形、地质、水文等自然条件,结合路基综合排水系统,现场核对拟定小桥涵位置、交角、结构类型、孔径及进出口形式等。

8.7.3 应对桥涵位上游汇水区的地表植被、洼地滞流、土质吸水类别、水库(或湖泊)控制面积等地表特征进行调查,满足径流形成法和暴雨推理法计算流量的需要。

8.7.4 凡拟建小桥涵址的上、下游附近有原建小桥涵时,应对原有小桥涵的结构形式、洞口类型、各部分主要尺寸及埋置深度、修建年代、损毁修复等情况进行调查,并测量桥前水深、桥下泄洪流量、桥涵址间的汇水面积等。

8.7.5 应对初拟小桥涵的交角、结构类型、孔径、涵长、进出口形式等进行现场核对。

8.7.6 改建工程的小桥涵,应查明原有桥涵的位置、结构形式、荷载标准、跨径、高度、长度、基础形式及埋置深度、修建年代、损坏修复情况及可利用程度。

8.8 大、中桥勘测与调查

8.8.1 初测前应搜集的资料:

1 水文资料。

应搜集流域水系图、桥位以上流域面积、桥位所在河段河床及河岸变迁资料、桥位附近水文站历年实测最大流量及相应的水位、流速、糙率、水面比降、水文断面、含沙量和水位-流量、水位-面积、水位-流速关系曲线以及特殊河段所需资料等。当桥上、下游有大型水利工程时,应搜集其设计、建设和使用情况的资料。

2 气象资料。

应搜集桥位附近有关气象台、站历年最大风速和主要风向及频率,年、月、日平均气温和极端最高、最低气温,历年降水量、多年平均降水量、日最大降水量、最大1h降水量和最大24h降水量、降水天数以及相对湿度和最大冻土深度等资料。

3 流冰、流木资料。

应搜集桥位河段最高和最低流冰水位、封冻最高水位,冰厚、冰块最大尺寸、冰块的密度、流冰的速度、冰坝抬高水位的高度,流木最大长度以及漂流物类型、大小尺寸等资料。

4 通航资料。

应搜集桥位河段通航等级、通航船舶、船队长度、排筏最大宽度和长度、航运密度和发展情况,航道图、航迹线位置图,最高、最低通航水位、封冻停航水位,通航净空和通航孔数,以及航道整治、规划和船舶上、下行限制速度等资料。

8.8.2 勘测与调查的资料,应能满足确定桥梁位置、孔径、交角、结构形式和桥位方案比较的需要。

8.8.3 现场踏勘及调查:

1 应现场核查研究工程可行性研究所推荐的桥位方案。

2 应调查桥位所在区域的农田排灌、河网规划,实地调查路线所经河段水文特点、地形、地物、地貌、工程地质、生态环境等条件。

3 应调查河流的形态特征、水文、工程地质、通航要求和施工条件以及地方工农业发展规划等,应在较大范围内对可能的桥位方案作相同深度的勘测与调查,满足技术、经济比较及方案论证的需要。

4 应调查桥位附近埋设管线及人工构造物分布状况,确定其对桥位的影响。

8.8.4 桥位控制测量:

1 初测阶段可不专门布设桥梁平面和高程控制网,但在布设路线控制测量网时,应在每岸各布设2个以上平面控制点及2~3个高程控制点,平面控制点间距应大于500m;河宽小于100m的桥梁可只在一岸设置1个高程控制点,满足桥梁平面和高程控制网加密的需要。

2 布设的控制点应纳入路线控制测量进行施测。

8.8.5 桥位地形图、水下地形图测量:

1 桥位地形图、水下地形图测绘范围应能满足方案比较和桥梁布孔的需要,桥位地形图还应满足桥头引道和调治构造物布置的需要。

2 桥位地形图测量范围,一般上游应为桥长的2~3倍,下游应为桥长的1~2倍,沿桥轴线方向应测至两岸历史最高洪水位或设计水位以上2m或洪水泛滥线以外50m,应能满足桥梁布孔、桥头引道和调治构造物布置的需要。

3　桥位地形图的测绘应符合第5章的规定,测绘内容还应包括桥轴线、路线平面控制点、引道接线、洪水调查点、历史最高洪水泛滥线、测时流向、航标和船筏走行线、桥梁和建筑物平面布置等内容。

4　改(扩)建桥梁的地形图测绘内容应增加既有桥梁墩、台和调治构造物的位置和高程。

8.8.6　应实地放出桥轴线和引道,进行纵、横断面测量。

8.8.7　桥位方案确定后应进行水文调查、测量、分析和论证。

8.8.8　跨河位置、布孔方案等应征求水利、航运等部门的意见。

8.9　隧道勘测与调查

8.9.1　相邻隧道洞口纵向间距小于表8.9.1规定时,宜作为一整座隧道进行勘测。

表8.9.1　相邻隧道洞口纵向间距

公路等级	高速、一级公路	二级公路	三级公路	四级公路
相邻隧道洞口纵向间距(m)	250	160	120	80

8.9.2　隧道控制测量:

1　初测阶段可不专门布设隧道平面和高程控制网,但在布设路线控制测量网时应在隧道进出口各布设2个以上平面控制点及2~3个高程控制点,平面控制点间距应大于500m,满足隧道平面和高程控制网加密的需要。

2　布设的控制点应纳入路线控制测量进行施测。

8.9.3　隧道地形图测量:

隧道地形图测量范围,横向应为中线两侧各200m左右,当辅助工程需要或地质情况复杂时,可适当增宽;纵向为估计挖方零点以外不小于200m,分离式隧道应测至整体式路基汇合点以外100m。

8.9.4　隧道定线及放桩:

1　应在拟定的概略隧址范围内,对初拟各隧道轴线、不同洞口位置及相应连接线进行勘测与调查。

2　应在实地放出洞口附近的中线,并现场核查和测绘洞口纵、横断面。

3　隧道洞身段应根据地质勘察及钻探需要现场放桩。

8.9.5　应搜集与调查隧址自然地理、环境状态、地形、地质、水文、气象、地震等资料。

8.9.6 弃渣场地的勘测与洞渣的利用应调查:

1 场地容量及弃渣运输条件。

2 场地的生态环境及地下水径流条件。

3 场地附近各种设施情况及应采取的安全保护措施。

8.10 路线交叉勘测与调查

8.10.1 大型或复杂的交叉应进行平面和高程控制测量,平面和高程控制测量的等级和精度要求按照高速公路相应要求进行。

8.10.2 公路与公路交叉应进行以下勘测与调查:

1 互通式立体交叉。

1)相交公路勘测与调查的深度应与主线相同,勘测长度应满足互通式立交布置要求。

2)交叉位置地名,相交道路的名称、公路等级、里程、修建时间等。

3)交叉角度、交叉点高程,相交公路的平纵线形、横断面形式、路面结构、各层厚度、路面现有状况、病害类型与程度、排水及防护工程、公路养护周期情况等。

4)交叉处的自然地理情况、相交道路在路网中的作用及发展规划。

5)互通式立交范围内的地形、地貌、植被、工程地质、水文地质条件及地物的种类与分布、土地资源条件等。

6)应核查可行性研究报告提供的交通量数据,可进行日交通量或高峰小时交通量观测。核查出现差异时,应进行补充调查,分析原因调整预测影响因素或重新进行 OD 调查。

7)当互通式立交范围较大,使用路线控制点不方便时,应补充控制测量,并应联系于主线控制网上。

8)互通式立交范围应实测地形图,测绘比例尺一般采用 1∶2 000;有特殊需要时,比例尺可采用 1∶1 000 或 1∶500;地形简单、地物较少、互通立交区范围较大时,可采用1∶5 000 比例尺地形图。测绘范围应满足互通式立交布置的需要(包括比较方案)。

9)互通式立交交叉点应实地放桩,地形、地物复杂的匝道或平面位置及高程受地物严格控制的匝道,均应实地放桩,根据需要进行高程或断面测量。

2 分离式立交。

1)应调查相交公路提高等级的计划及交叉处的地区发展规划,路面结构及各层厚度,地形、地物、排水等条件。

2)交叉点确定后,应实地放桩。当主线上跨相交公路且不改建相交公路时,可只测量交叉角度、交叉点高程、相交公路的纵断面及横断面等;当相交公路需改建时,相交公路的勘测与调查应按相应等级公路勘测的要求进行,测量长度应满足改线及接线要求。

3)分离式立体交叉范围内需设置排水设施或改移水渠时,应确定改移位置,并测量纵、横断面;当地形图范围不能满足设计要求时,应补测地形图。

3　平面交叉及公路与乡村道路交叉。

1)相交道路的性质、路基路面宽度、路面结构、排水条件、交通量及发展规划。

2)既有平面交叉改建时,还应调查分析包括交通延误及交通事故的数量、程度和原因在内的现有交叉的使用情况。

3)拟定交叉位置、形式、交叉角度和采用的技术标准。

4)复杂的平面交叉应实地放桩,并根据需要进行高程或断面测量。

5)平面交叉需改道时,应按相应等级公路勘测的要求进行测量与调查。

8.10.3　公路与铁路交叉勘测与调查:

1　公路与铁路交叉应实地放桩,测量铁路轨面高程及交叉角度。

2　应调查铁路名称、等级、轨道数、运行情况、交叉位置地名、交叉处铁路里程、铁路路侧附属设施及排水条件等,测量路基宽度及铁路路线纵坡坡度等。

3　应调查交叉铁路的技术标准、发展规划,并拟定可能的交叉形式。

4　平交时应调查并拟定铁路道口看守的位置,照明、通信、信号等设施线路接入的方式和位置。

5　应配合业主或主管部门,与铁路主管部门协商交叉方案,并签署协议。

8.10.4　公路与管线交叉:

1　公路与管线交叉的位置、长度、交叉角度、悬空高度或埋置深度、杆塔高度以及受影响的长度等。

2　管线的种类、技术标准、型号、规格、用途、编号、敷设时间等。

3　与公路平行或接近的管线还应调查其平面位置、平行公路的长度、杆塔高度等。

4　作为路线控制点的重要管线,应测量其平面位置,可根据需要测量其高程或纵、横断面图。

5　重要管线交叉应配合业主或主管部门,与管线主管部门协商交叉方案及保护措施,并签署协议。

8.10.5　各种交叉的位置、交叉形式、相交道路改移方案等,应征求地方政府或主管部门的意见。

8.11　沿线设施勘测与调查

8.11.1　应现场调查拟建沿线设施位置的地形、地貌、地物、植被、水文、地质等自然条件及与各类设施设计相关的技术条件。根据设计需要,重要的沿线设施应测绘比例尺为1:500～1:2 000的地形图。当有特殊需要时,应实测拟建设施位置的断面图。拟建设施位置的测量、调查工作可与踏勘及路线勘测一并进行。

8.11.2 管理、服务、养护、收费设施应进行以下勘测与调查:

1 管理、服务、养护、收费机构的生活、生产所需物资供应条件。

2 设施区域内地表的土质条件,适应种植的树种、草种等。

3 各站区大地电阻率及当地雷暴日天数。

4 场站联络道路、抢险车辆出入的联络道路及其附属工程均应进行必要的勘测。

8.11.3 安全设施应进行以下勘测与调查:

1 沿线地区性冰冻、雾障、积沙、积雪等小气候的位置、范围和季节性特点。

2 行政区划界、城市、村镇、大型企业、厂矿、著名风景区、医院、学校、路线交叉口等的位置、规模及与路线的关系。

3 坠石、急弯、陡坡、傍山险峻等存在行车安全隐患路段的地形、地貌、植被、水文、地质等自然条件及可能的危害程度。

4 隔离设施及安全护栏、护柱、护墙的设置条件。

5 应现场核查安全设施设置的位置或路段。

8.12 环境保护调查

环境保护应进行以下调查:

1 当地适种植被的品种、种植条件和生长状态。

2 沿线园林工程常用的绿化、美化形式。

3 沿线既有道路环保工程的现状及存在的问题。

4 沿线国家生态保护区、野生动物保护区及野生动物种群、迁徙路径、栖息地点等。

5 沿线水源保护区和湿地的面积、至路线的距离等。

6 由于修建公路对原有的田间道路、排灌网络及其他地上设施的切割所造成的影响,噪声、废气的影响等。

8.13 临时工程勘测与调查

临时工程应进行以下调查:

1 应调查沿线可供施工利用的已有道路情况和应修建的施工便桥、便道的位置及长度。

2 应调查沿线施工场地的位置、条件及可供施工利用的房屋。

3 应调查沿线电力、电信线路情况,并向有关部门了解路线附近的原有电力、电信设施和架设公路临时电力、电信线路的可能性,并估计其长度。

8.14 工程经济调查

8.14.1 沿线筑路材料调查:

1　应调查沿线筑路材料料厂(场)的位置、生产规模及工艺、产品种类及规格、产品质量、产量、价格、供应地点、上路距离、运输方式等。

2　自采加工材料料场应查明料场位置、材料品质、储藏量、料场覆盖层厚度、开采范围、料场工程地质条件和水文地质条件,并应进行必要的地质勘探。

3　各种材料均应取样试验,确定其物理力学(化学)指标。

4　大型自采料场应测绘 1:1 000 ~ 1:5 000 地形图及纵、横断面图。

5　应拟定料场占地、便道占地及覆盖层废土的堆置场地的复垦、复耕或还林的措施。

8.14.2　占用土地调查,应按设计的用地范围,以行政乡为单位进行土地的种类、所有人及使用人、常种作物和近三年产量调查。

8.14.3　拆迁建筑物调查:

1　应调查需要拆迁的各类建筑物的位置、结构状况和数量,必要时,应进行路线中线放线,测量路线距建筑物的距离、建筑物的尺寸等。

2　与铁路、公路、水利、电力、电信及各种管道等发生干扰时,应调查归属、属性和数量,必要时会同主管部门现场勘察,协商处理方案。

8.14.4　应调查沿线砍树、挖根、除草的位置、数量、疏密程度等。

8.14.5　概算资料调查,应符合《公路基本建设工程概算、预算编制办法》的有关规定。应调查的资料及要求如下:

1　概算编制的原则和依据应调查的内容:

1)建设项目经审批的投资额度、资金来源、国内外贷款额度、利率和年度安排计划。

2)施工组织及招、投标形式,施工期限及有关的计划与要求。

3)概算编制的依据文件,包括交通部颁发的现行概(预)算编制办法和定额及省(自治区、直辖市)制定的、相应的补充规定。

4)公路的分期修建方案及主线、支线、连接线、辅道等的编制原则与要求。

5)有关合同、协议、纪要、技术经济法规性文件。

2　应调查工程所在地区现行人工基本工资标准和各项工资性补贴费标准。

3　外购材料价格及采运条件应调查的内容:

1)主要外购材料的供应价格和供应地点。

2)地方性外购材料(如砂、石、砖、瓦、石灰等)、工业废料等当地的市场供应价格及生产能力。

3)材料的运输方式及运距。

4)当地运输条件及可能承运的能力。

5)各种运输方式的运杂费,包括运费、装卸费及可能发生的其他杂费和附加费。

6)进口材料的种类、进口口岸、价格及税费。

4 机械使用费应调查的内容:

1)所在省(市、区)对机械台班单价的调整系数标准。

2)所在省(市、区)征收施工机械养路费和车船使用税标准。

5 水、电价格及其供应情况应调查的内容:

1)可供施工用的电源、电价和电价中的地方附加费率标准和电源至工地的临时线路架设条件。

2)水源到工地的距离及采运方式。

6 征用土地和拆迁设施的补偿费用应调查的内容:

1)搜集当地政府关于土地补偿费、青苗补偿费、安置补偿费,被征用土地上的建筑物、坟墓、水井、树木等附着物,文物保护、土地征收管理费、菜地开发基金及耕地占用税等应交税费的标准和文件。

2)搜集拆迁建筑物和其他设施等补偿费用标准和办法。

3)拆迁电力、电信设施或与铁路、水利等干扰所发生的工程费用,应与主管单位协商,通过现场勘察,确定拆迁的规模、数量及补偿标准或拆迁补偿费用的概算。

7 主、副食运费补贴,应调查工地距最近的粮食、燃料、蔬菜、水供应地点的运距。

8 应调查路线所经地区的海拔高度、气温、雨量、雨季和施工季节等有关资料。

9 应调查工程所在地区可能发生并符合规定的应纳入概(预)算费用的地方性费用资料。

8.15 内业工作

8.15.1 应对下列各项外业资料进行检查、复核和签署,检查、复核内容包括测量方法的正确性、野外计算的正确性、记录的完整性等。

1 控制点点之记。

2 平面、高程控制测量野外记录手簿。

3 地形图测量的记录数据。

4 中桩放样记录手簿。

5 中平测量记录手簿。

6 横断面测量记录手簿。

7 各专业勘测调查记录手簿。

8.15.2 应对测绘资料进行限差检查并按规定进行计算,对测绘成果进行精度分析和评价。对于从其他部门搜集的资料,应检查、分析确定其可靠程度,做到正确取用。

8.15.3 应对勘测成果进行内部自检和验收。

8.15.4 应按专业分类编绘(制)外业勘测成果图表,并编制勘测报告。

8.15.5 当方案调整时,应补充相应各项勘测调查资料。

8.16 资料提交

8.16.1 初测应提交的基本资料:

1 测量成果及计算等资料。

2 各种调查、勘测原始记录及检验资料。

3 勘测报告及有关协议、纪要文件。

8.16.2 提交的勘测记录应为外业现场工作获得的原始记录(含电子记录文件)。各种图表及资料应清晰,签署完备。提交的勘测图表及资料可为电子文档(应有备份)。

8.16.3 初测的图表及技术资料应首先由项目的设计任务承担单位进行验收,验收合格后,应编制初测成果清单,提请项目的交通行业主管部门或业主进行初测外业验收。

8.16.4 初测应提交的勘测资料和相关图表、技术资料的内容和要求可参照表8.16.4执行。

表8.16.4　初测应提交的勘测资料和相关图表、技术资料的内容和要求

序号	图表、资料名称	内容和要求	备注
一	总体材料		
1	勘测报告	内容系统齐全;勘测过程描述客观准确,能够反映工程和勘测的实际情况,数据准确;方案论证充分;文句简明通顺	比较方案要同等深度论述
(1)	概述	项目意义、自然地理环境、任务依据、执行标准及规范、采用的技术标准等	
(2)	路线概况	路线总体布局与工可布局的关系;路线所处位置的地形、地貌、水文、地质、气象、地震等自然状况;沿线公路、铁路、水利、城镇、文物等分布及规划情况	
(3)	勘测过程	勘测时间及勘测前的准备工作;采用的仪器设备及软件;测绘基本工作量;勘测过程中出现的问题及解决方法	
(4)	勘测前资料搜集情况	测前所搜集的沿线地形图、航测像片、国家控制点、地质、水文、气象、地震、各相关部门规划、原有公路建设及运营等资料情况	

续上表

序号	图表、资料名称	内容和要求	备　注
(5)	室内方案研究及现场踏勘	方案研究方法;现场踏勘的重点及发现的问题;对初拟方案的取舍和调整	
(6)	控制测量及地形图测量	平面、高程控制测量方法及精度;地形图、工点图测绘方法及检测精度	
(7)	定线工作情况	定线原则及方法;定线中方案筛选过程;提出比较方案的理由等	
(8)	沿线工程地质及水系概况	沿线工程地质及不良地质地段概况;沿线主要水系分布情况;对工程的影响	
(9)	总体设计方案及路线方案比较情况	总体设计原则;总体方案布置;路线走向及主要控制点,通过城镇、垭口、跨河、越岭方案,采用的线形指标;通过图表,详述方案初步比较论证要点及取舍意见,提出需通过设计继续进行深入比较的方案	
(10)	主要工程规模	包括路线长度、路基土石方估算数量、重点防护及排水工程数量、桥隧数量及长度、主要交叉工程数量、主要交通工程设施数量等	
(11)	路基路面	总体填挖方情况;初拟边坡坡率;特殊路基方案选择,不良地质条件及初拟处理方案;路面结构选择及材料组成;初拟的排水设计方案及防护工程方案	包括路基、路面比较方案
(12)	桥涵工程	涵洞数量及密度;桥梁位置、水文分析结论、工程地质条件、拟采用的结构形式、拟进行比较的桥型及桥位以及初拟桥高、桥长的依据等	
(13)	隧道工程	隧址及进出口地形、地质及水文条件;初拟断面及衬砌方案;预采用的通风、照明、监控、消防、供电的初步设想;拟进行的隧道方案比选	
(14)	路线交叉	主要交叉的分布;初拟的与重要公路、铁路、管线等的交叉形式及跨线构造物的结构形式;拟采用的比较方案	
(15)	交通安全设施	危险路段位置及初拟的安全防护措施	
(16)	环保设计	环境敏感区分布及初拟的环保方案	
(17)	沿线设施	初拟的管理、养护、收费、服务设施位置及规模	
(18)	筑路材料调查	料场分布;材料的品种、规格、产量、质量、运输条件、可供应范围及拟自采料场情况	

续上表

序号	图表、资料名称	内容和要求	备　注
(19)	施工组织及概算	介绍主要的影响工程概算的问题	
(20)	执行任务书(合同)及技术法规情况	对任务书(合同)中具体要求的落实情况及存在的问题;执行技术标准规范存在的问题	
(21)	执行工可报告批复情况	说明执行情况,对改变之处应论证,阐述理由	
(22)	内部自检验收情况	自检验收过程及方法,发现的问题及处理结果	
(23)	问题与建议	勘测遗留问题;需业主或主管部门协助解决的问题;对业主有利或对提高设计质量、水平有益的建议	
2	主要技术经济指标表	全线主要技术指标及工程规模	比较线单独列表
3	沿线水利、铁路、公路、城建等规划调查记录	与项目相干扰位置的最新规划调查记录;有关协商记录或接线协议	
4	水文、气象、地质、地震等资料调查记录		
5	沿线水系分布图	准确反映沿线水系分布状态	
6	其他图表、附件及资料	任务(合同)书、相关会议纪要(记录)、外业工作日志及与外业工作相关的图表	
二	路线		
1	路线平面图	能够准确反映中线与地形、地物的关系,线形要素齐全,曲线主点标注准确	含比较方案
2	路线纵断面图(示坡)	示坡基本合理,满足规范要求,能反映纵坡趋势,加注控制高程及地质概况	
3	路线概略透视图	能够清晰反映平、纵配合情况,并满足线形评价要求	有特殊要求的路段绘制
4	路线逐桩坐标计算表*	按《公路工程基本建设项目设计文件图表示例》要求编制	高速公路、一级公路编制
5	直线、曲线及转角表		
6	点之记或导线点固定记录及固定表*	点之记或导线点固定记录为原始记录	二级以下公路编制固定表
7	水准点表	按《公路工程基本建设项目设计文件图表示例》要求编制	
8	平面控制测量及计算资料*	测量记录、平差计算、成果及精度评价资料	高速公路、一级公路编制
9	基本勘测资料	中桩调查及纵断面、横断面测量等记录	

续上表

序号	图表、资料名称	内容和要求	备注
10	建筑物情况调查记录	详细记录沿线建筑物位置、类型、面积、归属等	可与中桩调查合并记录
11	树木、青苗、土地调查记录	详细记录沿线树木树种、数量、位置、归属,沿线地界、地类及作物类别等	
12	电力、电信调查记录	详细记录沿线电力、电信设施位置、类型、架设条件及归属等	
13	其他管线设施调查记录	详细记录沿线其他各种管线设施的一般情况	
14	现有道路现状调查记录	反映现有道路的一般状况	利用旧路时编制
15	路线复查、自检资料和其他资料	复查、自检的原始记录,测绘的自检资料应进行精度评价	
三	路基、路面		
1	路基标准横断面图	符合规范要求	
2	特殊路基设计方案图	能表达特殊路基的设计思想及意图	
3	不良地质地段表	能真实反映沿线不良地质路段的位置及状态	
4	路线附近既有工程现状调查记录	具有类比价值的信息,能够作为本工程设计的参考	
5	路线附近河流、湖泊水文地质情况调查记录	能为邻水路基设计提供有关水位、地质条件、冲刷及水体可压缩情况等方面的资料	可纳入桥涵水文调查中
6	路基土石方数量估算表	能概略反映土方总体平衡及借、弃土状况	
7	取土场、弃土场调查记录及一览表	能全面反映取、弃土场的状况	
8	路线工程地质、水文地质勘察记录及地质取样试验一览表	能够从总体上反映路线所处位置工程地质和水文地质情况;试验一览表反映土工试验指标等与设计相关的参数	
9	取土场地质勘察记录	能够反映取土场土质情况及土类划分情况	
10	路基防护工程一览表	各路段初拟的路基防护形式	
11	路基防护工程调查记录	含防护工程的纵、横断面测量及地质调查资料	
12	排水系统布置图	能反映排水系统的总体构想及布局,基本排水形式	可在地形图上完成
13	特殊排水设施调查记录	含需特殊设计的集水、排水、输水工程沿轴线方向纵、横断面测量及地质调查资料	
14	改河工程调查记录	改河处地形图及断面图、地质调查等资料	
15	路基调治构造物一览表	能反映路基调治构造物设置的一般情况	
16	路基调治构造物调查记录	包括地形、地质、水文、植被等的调查资料	

续上表

序号	图表、资料名称	内容和要求	备　注
17	路基水文调查、分析、计算资料	包括水文调查原始资料及水文分析计算书	
18	路面结构方案图	初拟的路面结构方案及比较方案	
19	路基、路面复查和自检资料及其他资料	复查自检原始记录;测绘的自检资料应附精度评价	
四	桥梁、涵洞		
1	桥梁一览表	包括桩号、孔径、交角、河流名称等勘测过程能够确定的要素	小桥单独列表
2	水文调查分析及计算资料	包括水文调查原始资料及水文分析计算书	包括大、中、小桥及涵洞
3	大中桥桥位地形图	满足桥位布设和设计的需要	
4	桥型方案图	初拟的桥型方案,标明洪水位、桥面高程等资料	有比较方案时一并绘制
5	导流防护工程方案简图	完成简图,可有多个方案,可与桥位平面图一并绘制	中桥以上桥梁或特殊小桥绘制
6	涵洞一览表	包括涵洞类型、桩号、孔径、交角、净高等	
7	桥位测量记录	桥位平面及高程控制测量、地形图测量及桥轴线纵、横断面测量等	控制测量、地形图测量可与路线合并进行
8	桥位控制点一览表	包括各种测量控制点	
9	原有桥涵调查记录	能反映旧桥的一般状态及可利用的程度	
10	桥涵复查、自检资料和其他相关资料	复查自检原始记录;测绘的自检资料应附精度评价	
五	隧道工程		
1	隧道一览表	包括隧道起终点、长度、中心桩号等	
2	隧道地形图	满足隧道布设和设计的需要	
3	隧道纵断面图	提出初步方案,可与路线纵断面合并绘制	
4	隧道纵横断面测量记录	原始记录	
5	隧道控制测量记录	包括平面及高程控制测量记录	可与路线合并进行
6	隧道断面方案图	初拟断面形式及衬砌方案	
7	隧道复查和自检资料及其他有关资料	复查自检原始记录;测绘的自检资料应附精度评价	
六	路线交叉		
1	互通式立体交叉表	包括桩号、相交道路等级、跨越方式、互通形式等	
2	互通式立体交叉平面图	能反映初拟互通形式、布局及与地形、地物的关系,可能的比较方案	

续上表

序号	图表、资料名称	内 容 和 要 求	备　注
3	互通立交纵断面示坡图		可与路线合并绘制
4	跨线桥桥型方案图	初拟的桥型方案,标明控制高程	比较方案单独绘制
5	分离式立体交叉表	包括桩号、孔径、交角、跨越形式、相交道路等级等	
6	分离式立体交叉桥位平面、纵断面图	能反映初拟交叉桥跨越方式及与地形、地物的关系,交叉的高程协调情况	
7	分离式立体交叉桥型方案图	初拟的桥型方案,标明控制高程	
8	通道(天桥)一览表	包括桩号、孔径、交角、跨越形式、相交道路等级等	
9	通道(天桥)调查记录	含相关书面协议	
10	通道(天桥)方案图	典型方案图	
12	平面交叉一览表	包括桩号、交角、相交道路情况等	
13	平面交叉方案图	典型和复杂平面交叉方案图	
14	相交道路调查记录		
15	公铁立交一览表	包括桩号、孔径、交角、跨越形式、铁路等级、对应铁路桩号等	
16	公铁立交桥型方案图	初拟的桥型方案,标明轨面高程	
17	公铁平交一览表	包括桩号、交角、铁路等级、对应铁路桩号等	
18	相交铁路调查记录		
19	其他交叉一览表及调查记录	重要交叉应附书面协议	
20	交叉工程复查、自检资料和其他资料	复查自检原始记录;测绘的自检资料应附精度评价	
七	其他工程及沿线设施		
1	安全设施表	初拟的安全设施设置的路段、类型、安全级别要求等	
2	管理(收费)设施一览表	包括位置、职责范围、规模等,已与建设单位及上级主管部门协商确认的,应有书面协议或批文	
3	服务设施一览表	包括位置、功能、规模等,已与建设单位及上级主管部门协商确认的,应有书面协议或批文	
4	其他工程一览表	改河(沟渠)、改道等工程的位置及规模等	
5	其他工程布置图	改河(沟渠)、改道等工程的平面布置方案	简单工程可在路线地形图上布置

续上表

序号	图表、资料名称	内 容 和 要 求	备　注
6	其他工程及沿线设施复查、自检资料及其他有关资料	复查自检原始记录；测绘的自检资料应附精度评价	
八	环境保护		
1	环境保护工程一览表	拟定的位置、保(防)护的类别、推荐的环保形式	
2	典型环保工程布置图	包括主线典型布置图、特殊地段布置图	必须包括环评报告的环境敏感区
3	取、弃土场环境调查记录	各取、弃土场的施工前自然情况，并提出初步的环保恢复方案	
4	环境保护工程复查、自检资料及其他有关资料	复查自检原始记录	可与路线复查合并
九	工程地质		
1	工程地质报告初稿	符合工程地质勘察规范的要求，报告清晰准确，内容翔实，路线工程地质状况描述清晰	
2	工程地质平面图*	符合工程地质勘察规范的要求	高速公路、一级公路绘制
3	不良地质路段调查记录及图表	符合工程地质勘察规范的要求，可满足设计需要	
4	深挖方路段地质勘察记录及图表	能基本揭露开挖后可能遇到的地质及水文问题，并可确定开挖土石比例	
5	支挡构造物基础地质勘察记录及图表	能基本确定基础承载力，满足结构设计要求	
6	特大、大中桥基础地质勘察记录及图表	符合工程地质勘察规范的要求，基本查清地基条件，满足基础设计及绘制地质纵断面图要求	包含跨径属于大中桥的交叉构造物
7	小桥、涵洞基础地质勘察记录及图表	能基本确定基础承载力，满足基础设计要求	包含跨径属于小桥涵的交叉构造物
8	隧道工程地质勘察记录及图表	符合工程地质勘察规范的要求；能基本满足围岩分类及结构设计要求，对严重不良地质条件应评价其影响范围及程度	
9	场地工程地质安全性评价	大型构造物附近存在活动断层、大型滑坡等不良地质条件时，需进行场地工程地质安全评价	
11	其他工程地质情况调查资料	管理、服务、收费场地及改河(沟渠)、改道等的工程地质调查资料，应能满足设计要求	
12	工程地质复查、自检资料及其他有关资料	复查、自检资料应对勘测成果进行评价	

续上表

序号	图表、资料名称	内容和要求	备注
十	筑路材料		
1	材料料场一览表		
2	沿线筑路材料供应示意图	能基本反映路段所需各种材料的供应地点(料场)	
3	地产材料料场情况调查记录		
4	自采料场情况调查记录		
5	材料供应情况调查记录		
6	材料取样试验及试验结果一览表	全部取样试验材料均列出取样地点、取样量、拟试验项目	
7	筑路材料复查、自检资料及其他有关资料	复查、自检资料应对勘测成果进行评价	
十一	施工组织设计及概算		
1	全线便道、便桥总体规划示意图	在路线平面图基础上绘制,能反映整个施工便道布置情况,包括利用现有道路、桥梁及新建便道、便桥情况,核算便道、便桥规模	
2	临时工程及施工场地一览表	包括施工场地的位置及面积,架设电力、电信线路及打井等临时工程的数量	
3	相关协议或意向书	拆迁(厂矿、电力、电信、文物等)协议、跨越(铁路、河流等)协议、征地等影响工程方案的书面协议或意向书	
4	概算相关调查资料		
5	施工组织设计及概算复查、自检资料及其他有关资料	复查、自检资料应对勘测成果进行评价	
十二	其他勘测调查资料	与初步设计相关的其他调查资料	

注:1.“*”高速公路及一级公路需编制的图表,一级以下公路也可参照使用。

2.此表罗列了一般项目应提交的图表及资料,在使用过程中,应根据工程实际需要确定取舍。有些项目中存在特殊工程,应进行能够满足初步设计要求深度的勘测与调查,并应提供相应的勘测图表及资料。

9　定测

9.1　准备工作

9.1.1　应搜集工程可行性研究、初设阶段勘测、设计的有关资料以及审查、批复意见。

9.1.2　应根据任务的内容、规模和仪器设备情况,拟定勘测方案。

9.1.3　应对初步设计所搜集的资料进行现场核查。

9.1.4　应对沿线地形、地貌及地物的变化情况进行核查。

9.1.5　应对初测阶段施测的路线平面、高程控制测量进行全面检查,并按以下规定执行:

1　应对初测阶段设置的平面、高程控制点的点位分布情况进行全面检查。

2　当控制点的点位分布满足设计要求时,应对其进行全面检测,检测成果与初测成果的较差在限差以内时,应采用原成果作为作业的依据。

3　当个别段落控制点分布由于损坏或因方案变更造成不能满足设计要求时应进行补设,高程控制测量可采用同级控制加密,平面控制测量连续补点不大于3个时可进行同级加密,技术要求与精度应符合第4章的规定。

4　当检测成果与初测成果的较差超出限差或控制点分布不能满足设计要求时,应对整个控制网进行复测或重测,并应重新进行平差计算。

9.2　路线中线敷设

9.2.1　路线中线敷设位置的要求如下:

1　路线中桩间距,不应大于表9.2.1的规定。

表9.2.1　中桩间距

直　线(m)		曲　线(m)			
平原、微丘	重丘、山岭	不设超高的曲线	$R>60$	$30<R<60$	$R<30$
50	25	25	20	10	5

注:表中 R 为平曲线半径(m)。

2 路线经过下列位置应设加桩：

1)路线纵、横向地形变化处；

2)路线与其他线状物交叉处；

3)拆迁建筑物处；

4)桥梁、涵洞、隧道等构造物处；

5)土质变化及不良地质地段起、终点处；

6)道路轮廓及交叉中心；

7)省、地(市)、县级行政区划分界处；

8)改、扩建公路地形特征点、构造物和路面面层类型变化处，

3 断链桩宜设于直线段，不宜设在桥梁、隧道、立交等构造物范围之内。断链桩上应标明换算里程及增减长度。

9.2.2 路线中线敷设可采用极坐标法、GPS RTK 法、链距法、偏角法、支距法等方法进行。高速、一级、二级公路宜采用极坐标法、GPS RTK 法，直线段可采用链距法，但链距长度不应超过 200m。

9.2.3 中桩桩位精度应符合表 9.2.3 的规定。

表 9.2.3 中桩平面桩位精度

公路等级	中桩位置中误差(cm)		桩位检测之差(cm)	
	平原、微丘	重丘、山岭	平原、微丘	重丘、山岭
高速公路，一、二级公路	≤±5	≤±10	≤10	≤20
三级及三级以下公路	≤±10	≤±15	≤20	≤30

9.2.4 采用极坐标法、GPS RTK 方法敷设中线时，应符合以下要求：

1 中桩钉好后宜测量并记录中桩的平面坐标，测量值与设计坐标的差值应小于中桩测量的桩位限差。

2 可不设置交点桩而一次放出整桩与加桩，亦可只放直、曲线上的控制桩，其余桩可用链距法测定。

3 采用极坐标法时，测站转移前，应观测检查前、后相邻控制点间的角度和边长，角度观测左角一测回，测得的角度与计算角度互差应满足相应等级的测角精度要求。距离测量一测回，其值与计算距离之差应满足相应等级的距离测量要求。测站转移后，应对前一测站所放桩位重放 1～2 个桩点，桩位精度应满足表 9.2.3 的要求。采用支导线敷设少量中桩时，支导线的边数不得超过 3 条，其等级应与路线控制测量等级相同，观测要求应符合第 4 章的规定，并应与控制点闭合，其坐标闭合差应小于 7cm。

4 采用 GPS RTK 方法时，求取转换参数采用的控制点应涵盖整个放线段，采用的控制点应大于 4 个，流动站至基准站的距离应小于 5km，流动站至最近的高等级控制点应小于 2km。并应利用另外一个控制点进行检查，检查点的观测坐标与理论值之差应小于桩位检

测之差的0.7倍。放桩点不宜外推。基准站的选择应满足第4.1.3条第2款的要求。

9.2.5　采用链距法、偏角法、支距法等方法测定路线中桩，其闭合差应小于表9.2.5的规定。

表9.2.5　距离偏角测量闭合差

公路等级	纵向相对闭合差		横向闭合差（cm）		角度闭合差（″）
	平原、微丘	重丘、山岭	平原、微丘	重丘、山岭	
高速公路，一、二级公路	1/2 000	1/1 000	10	10	60
三级及三级以下公路	1/1 000	1/500	10	15	120

9.3　中桩高程测量

9.3.1　中桩高程测量可采用水准测量、三角高程测量或GPS RTK方法施测，并应起闭于路线高程控制点。

9.3.2　高程应测至桩志处的地面，读数取位至厘米，其测量的精度指标应符合表9.3.2的规定。

表9.3.2　中桩高程测量精度

公路等级	闭合差(mm)	两次测量之差(cm)
高速公路，一、二级公路	$\leqslant 30\sqrt{L}$	≤5
三级及三级以下公路	$\leqslant 50\sqrt{L}$	≤10

注：L为高程测量的路线长度(km)。

9.3.3　采用三角高程测定中桩高程时，每一次距离应观测一测回2个读数，垂直角应观测一测回。

9.3.4　采用GPS RTK方法时，求解转换参数采用的高程控制点不应少于4个，且应涵盖整个中桩高程测量区域，流动站至最近高程控制点的距离不应大于2km，并应利用另外一个控制点进行检查，检查点的观测高程与理论值之差应小于表9.3.2两次测量之差的0.7倍。

9.3.5　沿线中需要特殊控制的建筑物、管线、铁路轨顶等，应按规定测出其高程，其2次测量之差应小于2cm。

9.4　横断面测量

9.4.1　高速、一级、二级公路横断面测量应采用水准仪—皮尺法、GPS RTK方法、全站仪法、经纬仪视距法、架置式无棱镜激光测距仪法,无构造物及防护工程路段可采用数字地面模型方法、手持式无棱镜激光测距仪法;特殊困难地区和三级及三级以下公路,可采用手水准仪法、数字地面模型方法和手持式无棱镜激光测距仪法、抬杆法。

9.4.2 横断面中的距离、高差的读数取位至0.1m,检测互差限差应符合表9.4.2的规定。

表9.4.2 横断面检测互差限差

公路等级	距离(m)	高差(m)
高速公路,一、二级公路	$L/100+0.1$	$h/100+L/200+0.1$
三级及三级以下公路	$L/50+0.1$	$h/50+L/100+0.1$

注:L-测点至中桩的水平距离(m);h-测点至中桩的高差(m)。

9.4.3 横断面测量的宽度应满足路基及排水设计、附属物设置等需要。

9.4.4 采用无棱镜激光测距仪法测量时,其距离和高差应观测2次,2次读数之差不超过表9.4.2的规定时,取平均值作为最终观测值。

9.4.5 横断面测量应逐桩施测,其方向应与路线中线切线垂直。

9.4.6 横断面测量除应观测高程变化点之间的距离和高差外,还宜观测最远点到中桩的距离和高差,其与高程变化点之间的距离和高差总和之差不应大于表9.4.2的规定。

9.4.7 高速公路、一级公路的分离式路基和二、三、四级公路的回头弯路段,应测出连通上、下行路线横断面,并应标注相关关系。

9.4.8 横断面测量应反映地形、地物情况,横断面应在现场点绘成图并及时核对;采用测记法室内点绘时,必须进行现场核对。

9.4.9 采用数字地面模型获取横断面数据时,其航空摄影成图及DTM建立除应满足第6章的要求外,在像片控制测量时应对植被茂密的地段适当加密像控点,在像片调绘时应加强对沿线陡坎、植被、建筑物等的调查,并应对植被茂密、峡谷等地段进行横断面抽查,抽查比例应大于5%。

9.5 地形图测绘

9.5.1 定测时应对地形图进行现场核对。地形、地物发生变化的路段,应予修测;地形图范围不能满足设计要求时,应进行补测;变化较大时,应予重测。

9.5.2 局部地区地物变动不大时,地形图修测可使用交会法,地形、地物变化较大或采用交会法施测较困难时,应利用导线点、图根点进行。

9.5.3 原有导线点、图根点不能满足修测和补测需要时,应进行导线点(图根点)补测。

9.5.4 修测或补测地形图的技术要求和精度应符合第5章的规定。

9.6 路基、路面及排水勘测与调查

9.6.1 应对初测收集的资料实地进行核查,并进行补充和完善。

9.6.2 应调查沿线筑路材料的种类、产地、储量、运距、采运条件及其有关的物理力学性质。

9.6.3 应调查沿线农田水利设施的现状、特点、发展规划,农田耕地表土的性质及厚度等对路基、路面的影响。

9.6.4 应调查沿线水系的分布及相互关系,地表水、地下水、裂隙水等的位置、流量、流向和流速,泉眼的位置和流量。公路通过农田、洼地时,应调查地表水的积水深度、积水时间。

9.6.5 路基部分应根据路段所经过地区自然条件进行下列各项勘测调查:

1 沿河、湖(塘)、海、水库等地段路基,应调查洪水位、潮水位、波浪高、岸滩的冲刷和淤积情况、水流的流速、水的深度、水温变化、水的化学成分、水底地质情况、沿河山坡的稳定性等资料。在严寒地区,还应调查冰块移动的撞击情况和冻胀情况。

2 滑坡地段路基应对滑坡体稳定性、滑坡规模、滑坡体现状等进行调查。

3 泥石流地段路基应对泥石流最高流量、持续时间、容重、流速、松散固体物质、平均粒径、搬运的最大粒径、最大一次淤积量和淤积厚度等进行勘测调查。

4 岩溶地区应调查岩溶分布范围、形态、现状与历史等情况。

5 软土及泥沼地区应对软土及泥沼的分布范围、类型、厚度、成层情况和物理力学性质等进行调查。

6 多年冻土地区应调查一年中冻结和融化的时间,积雪的时间和厚度(历年的平均值、最大值和最小值),年降雨量、降雨季节,年平均气温、年最低气温和最高气温,多年冻土层的分布、构造、土质和含冰状况,冻土的物理力学试验指标等。

7 膨胀土地区应调查膨胀土的分布范围、厚度、物理化学、物理力学性质等。

8 黄土地区应对黄土的抗剪强度、内摩擦角、黏聚力等力学特性及黄土边坡的稳定

性等进行勘测调查。

9　盐渍土地区应对路线通过地带盐渍土的分布范围、盐渍土的类型、盐渍土程度等进行勘测调查。

10　风沙地区应对风沙地区的分布范围,沙丘移动的方向、方式和速度,沙的物理化学性质,植物覆盖率、当地沙生植物种类等进行调查。

11　雪害地区应调查雪害地区的总降雪量、一次最大降雪量、最大及平均积雪深度、冬季气温及冻融时间、冬季现场积雪情况等资料。

9.6.6　路基防护勘测与调查:

1　应现场确定路基边坡防护工程的位置、起讫桩号、防护长度和形式。

2　设置防护工程的路段,应实地放出构造物轴线,进行高程测量和横断面测量。

3　采用种草、铺草皮、撒播草籽、植树等边坡防护的路段,应调查边坡土质的适种性,适宜种植的草种、树种,种植季节及种植方式。

4　应对路基防护路段边坡的土质、稳定性、含水量及植被情况等进行调查。

9.6.7　改移工程勘测与调查:

1　应实地调查并确定改移河道、渠道、道路的位置和改移方案,改移河道水流流向、水位、河势、汇水面积,测量坝头、坝身、坝根横断面及轴线高程。

2　实地测量出改移工程的起讫桩号,放出改移工程的轴线桩,并进行纵、横断面测量。改移公路、辅道、支线或连接线,应按相应等级公路要求进行桥涵、路基、路面、排水和其他工程的勘测与调查。

3　改移工程的轴线应与路线控制测量联测。

4　改移河道、主干沟渠及等级公路工程,应测绘比例尺为1:500~1:2 000的地形图,测绘范围应满足设计要求。

9.6.8　路面调查:

1　对该地区既有路面或相似路面的施工技术、施工控制和面层构造和材料进行调查。

2　对路线所在地区已建公路的材料和混合料的性状、抗滑、透水性、路面结构等进行调查。

3　对项目所在地区的可比路面的完整性、损坏程度和路面结构的相关性等方面进行调查。

9.6.9　排水勘测与调查:

1　对该地区已有的排水设施工作情况进行实地调查。

2　根据设计原则并通过调查当地水文、气象等情况,确定路基、路面排水的方案和形式。

3　调查、确定排水设施的形式、横断面尺寸、加固措施，并测量起讫桩号、长度、进出口位置。

4　需进行特殊设计的集水、排水、输水工程设施，应实地放出轴线，进行纵、横断面测量，并根据需要，测绘比例尺为1:500～1:2 000的地形图。

9.7　小桥涵勘测与调查

9.7.1　在初测资料的基础上，对地质、水文、农田水利、气象等资料进行补充调查，并进行形态断面、河床比降、特征水位和汇水面积等测量工作。小桥涵河床比降测量，一般上游测100～200m，下游测50～100m。

9.7.2　根据批准的初步设计文件所确定的原则和方案，以及地质、水文、农田水利、气象和施工条件，确定小桥涵的结构类型、基础形式、埋置深度、孔径和必要的附属工程；根据路基、路线情况，确定小桥涵墩、台高度和位置。

9.7.3　小桥涵的位置和形式，应与路线平、纵面和路线排水系统相配合；同时注意附属工程的设置，保证水流顺畅，不致造成后患。

9.7.4　小桥涵址测量：

1　小桥涵沿路线中线方向的断面测量，应与路线中线测量同步完成，并根据需要适当加密中桩，同时实测沟渠与路线的交角。地形复杂的小桥涵，应在路线中线两侧或河床两侧各施测一个或几个断面，其测量范围应能满足涵底纵坡和进、出水口设计、布置桥孔、调治防护工程、计算开挖土石方数量等的需要。

2　小桥涵位于地质、地形复杂路段，布置比较困难或需进行改河、改道工程及环境协调等综合处理时，应测绘1:500～1:2 000工点地形图。改河工程应按布设要求进行纵、横断面测量，原河道相关范围内应进行河床纵坡和河床横断面测量。

9.7.5　改建公路利用原有小桥涵时，应进一步核查荷载标准、损坏程度和结构形式，测量其跨径、高度、长度、宽度和位置。

9.8　大、中桥勘测与调查

9.8.1　定测阶段大、中桥的勘测工作，应根据批准的初步设计方案和审批意见，在初测的基础上进行详细的调查、测量和分析计算，对初步设计的有关资料进行核查和补充，解决初步设计留待定测解决的问题，为施工图设计和编制工程预算提供可靠资料。

9.8.2　进一步调查河流的形态特征、水文、工程地质、通航和水利要求以及气象与施工条件等资料。

9.8.3 桥梁平面控制测量:

1 当路线平面控制测量的精度、控制点分布、控制点的桩志规格不能满足桥梁设计需要时,应在定测阶段布设桥梁平面控制测量网。

2 桥梁的每一端附近应设置2个以上的平面控制点,并应便于放样和联测使用,控制点间应相互通视。

3 桥梁平面控制测量精度和等级,应按第4章的要求确定,同时还应满足表9.8.3桥轴线相对中误差的要求。对特殊结构的桥梁,应根据其施工允许误差,确定控制测量的精度和等级。

表9.8.3 桥轴线相对中误差

测量等级	桥轴线相对中误差	测量等级	桥轴线相对中误差
二等	≤1/150 000	一级	≤1/40 000
三等	≤1/100 000	二级	≤1/20 000
四等	≤1/60 000		

4 桥梁平面测量控制网采用的坐标系宜与路线控制测量相同,但当路线测量坐标系的长度投影变形对桥梁控制测量的精度产生影响时,应采用独立坐标系,其投影面宜采用桥墩、台顶平均设计高程面。桥梁平面测量控制网应采用自由网的形式,选定基本平行于桥轴线的一条长边作为基线边与路线控制点联测,作为控制网的起算数据。联测的方法和精度与桥梁控制网的要求相同。

5 桥位平面控制测量,可采用多边形、双大地四边形、导线网形式。采用的观测方法、仪器设备、技术指标应满足确定的精度和等级要求。

6 在桥轴线方向上,可根据需要每岸设置2个及以上桥位控制桩,桥位桩放样精度应达到二级导线精度要求。桥位桩应设于土质坚实、稳定可靠、不被淹没和冲刷、地势较高、通视良好处。一般采用混凝土桩,山区有岩石露头处,可利用坚固的岩石设置,荒漠戈壁、森林、人烟稀少地区也可设置木质方桩。桥位控制桩宜纳入桥梁控制网进行平差计算。

7 特大桥的桥梁专用控制点宜采用具有强制对中装置的观测墩,观测墩中应埋置钢管至弱风化层,观测墩的高度视通视条件而定,应保证相邻点间互相通视。

8 初测阶段布设的路线平面测量控制网可以满足桥梁设计需要时,应进行下列工作:

1)检查和校核初测阶段的勘测资料和成果,各项精度和要求应符合第4.1节的规定。

2)现场逐一检查平面控制点的完好程度。

3)当检查确认所有标志完好时,方可进行检测。检测成果在限差以内时,采用初测成果;超限时应复测并重新计算。

4)只恢复补设个别标志时,采用插网的形式;当恢复或补设的标志较多时,应重新布网并施测。

9.8.4 桥梁高程控制测量：

1 当路线高程控制测量的精度、控制点分布、控制点的桩志规格不能满足桥梁设计需要时，应在定测阶段布设构造物高程控制测量网。

2 桥梁高程控制测量等级，应按第4章的要求确定。

3 桥梁的每一端附近应设置2个以上高程控制点，并应便于放样和联测使用。

4 桥梁高程控制测量宜采用独立网，并应采用与路线高程测量相同的高程系统。

5 桥梁高程控制测量按第4.2.7条跨河水准测量的方法进行，采用的仪器设备、技术指标应能满足确定的精度和等级要求。

6 特大桥的高程控制点标志中应埋置钢管至弱风化层。

7 初测阶段布设的路线高程测量控制点可以满足桥梁设计需要时，应进行下列工作：

1)应对初测的水准点进行检查，对丢失、损坏以及位置不合适的水准点应进行补设。

2)对新布设的水准点应进行补测，对原有水准点应进行检测。检测成果在限差以内时，采用初测成果；超出限差时，必须进行复测并重新计算。

9.8.5 桥位地形图测量：

地形图的范围应能满足桥梁孔径、桥头引道、调治防护构造物设计和施工场地布置的需要。初测地形图或原有地形图范围不能满足要求时应补测；对地形、地物有明显变化的，应进行修测。当初测地形图完全不能满足设计需要时应重测，补测、修测、重测时按第5章的要求执行。

9.8.6 桥轴纵断面和引道测量：

1 桥轴纵断面的测绘范围应测至设计洪水位以上，应能满足设计桥梁孔径、桥头引道、调治构造物布置的需要。

2 地表起伏较大、地质复杂的桥址，应在桥轴线上、下游各6~20m测辅助纵断面，并在辅助纵断面范围内增测辅助横断面。

3 桥轴纵断面陆上部分和引道、接线纵断面测量，各测点与起点间测距误差不应大于测段距离的1/2 000，横向偏距不应大于0.1m。测点高程应用水准仪或三角高程测量，中间点的地面高程读至厘米。

4 桥轴纵断面水下部分的测量按第5.4节的规定执行。

9.8.7 形态断面测量：

一般应在桥位上、下游各选一个断面进行测量，平原宽滩河流可测至历史最高洪水线以外水平距离50m，山区测至历史最高洪水位以上2~5m，测量精度按第5.4节规定执行。

9.9 隧道勘测与调查

9.9.1 隧道方案的核查与落实:

1 对隧道所在位置的地形、地质、水文地质、环境等内容进行核实和补充调查。

2 隧道轴线、洞口、辅助坑道口的布置是否正确,洞内中线及其连接线的技术标准是否符合规定,平、纵、横面是否协调。

3 隧道排水、附属设施、施工方案是否经济合理。

4 检测初测所设的控制点,如有丢失或损坏应补测并联测。

5 核查地形图是否满足设计要求。

9.9.2 隧道洞顶及连接线路线定测:

1 左、右行分离的隧道连接线起讫点,宜测至分离式路基与整体式路基汇合处以外50m;当为较长分离式路基时,则每幅路基测至一个平曲线以外。

2 洞顶路线中线桩,除公里桩、转点桩、平曲线特征桩、地形、地质外,其他桩可不测设。在洞口附近应根据地形、地质情况适当加桩,桩距应小于10m。

9.9.3 横断面测量:

1 洞身地段,当洞顶或洞身外侧覆盖层较薄或穿越地质不良地段时,应实测横断面。

2 洞口地段中线上加桩均应施测横断面。

3 连接线横断面测量与路线测量要求相同。

9.9.4 洞外控制测量:

1 对于中、长、特长隧道,当路线平面控制测量的精度和控制点分布不能满足隧道设计需要时,应在定测阶段布设隧道专用平面控制测量网。

2 隧道平面控制测量可采用GPS测量、三角测量、三边测量、导线测量等方法,其等级和技术要求,应根据初设的隧道长度,按表4.1.1-1、表4.1.1-2确定。

3 隧道平面测量控制网采用的坐标系宜与路线控制测量相同,但当路线测量坐标系的长度投影变形对隧道控制测量的精度产生影响时,应采用独立坐标系,其投影面宜采用隧道纵面设计高程的平均高程面。

4 隧道平面测量控制网应采用自由网的形式,选定基本平行于隧道轴线的一条长边作为基线边与路线控制点联测,作为控制网的起算数据。联测的方法和精度与隧道控制网的要求相同。

5 各洞口附近应设置2个以上相互通视平面控制点,点位应便于引测进洞。

6 控制网的选点,应结合隧道平面线形及施工时放样洞口(包括辅助道口)投点的需要布设;结合地形、地物,力求图形简单、坚强;在确保精度的前提下,充分考虑观测条件、测站稳固、交通方便等因素。

7　特长、长隧道宜进行控制测量设计。应首先在地形图上选点,并估算其洞口投点的误差,选用合理图形。并宜对特长、长隧道横向贯通中误差进行预计,对施工阶段所使用的仪器等级、测量方法作出建议。隧道内相向施工中线的贯通中误差应符合表9.9.4的规定。

表9.9.4　贯通中误差

测量部位	两开挖洞口间长度(m)			高程中误差(mm)
	<3 000	3 000~6 000	>6 000	
	贯通中误差(mm)			
洞外	≤±45	≤±60	≤±90	≤±25
洞内	≤±60	≤±80	≤±120	≤±25
全部隧道	≤±75	≤±100	≤±150	≤±35

8　当初测阶段布设路线平面控制测量的精度和控制点分布可以满足设计和施工需要时,应进行检测。检测成果在限差以内时,采用初测成果;当检测成果超出限差时,应复测并重新计算。

9.9.5　隧道高程控制测量:

1　对于长、特长隧道,当路线高程控制测量的等级、精度和控制点分布不能满足设计需要时,应在定测阶段前布设隧道专用高程控制测量网。

2　隧道专用高程控制测量的等级和技术要求,应根据隧道长度和水准路线长度,按表4.2.1-1和表4.2.1-2确定。隧道高程控制测量宜采用独立网。

3　在隧道洞口附近(包括辅助坑道口)应各设置2个及以上水准点。

4　当路线高程控制测量的等级、精度和控制点分布满足规范要求时,应对初测施测高程控制网进行检测。其高差不符值在规定限差以内时,采用初测成果;超出限差时必须进行复测并重新计算。

9.9.6　隧道轴线与洞外连接线的衔接,应以隧道控制测量为准,对路线控制重新进行平差计算。

9.9.7　隧道地形图测量:

1　应对初测地形图进行现场核对,地形图的范围应能满足地质调绘和其他设计需要;地形、地物发生变化或地形图范围不足时,应进行修测和补测。

2　按最终确定的洞口位置测绘洞口地形图,比例尺为1:500,其范围一般为前、后、左、右各宽60~100m;当有引桥、改沟(防护)等工程处理措施时,应根据设计需要扩大测绘范围。

9.9.8　应根据设计需要对通风、照明、供电、通信、信号、标志、运营管理设施、环保、弃渣场地等进行相应的工程调查。

9.10 路线交叉勘测与调查

9.10.1 根据初步设计的审批意见对交叉的总体布设方案进行认真分析研究,对初测所搜集的资料进行现场核查并进一步补充调查。

9.10.2 对路线交叉附近的测量控制点进行现场核查。如测量控制点损坏、丢失或距设计线位过近,应补设或重设,并进行联测;当地形、地物等有变化或地形图范围不能满足设计要求时,应修测或补测地形图。

9.10.3 互通式立体交叉勘测与调查:

1 相交公路勘测采用与路线同等的技术要求,勘测长度应满足设计要求,同时应对以下内容进行核查和补充:

1)相交公路路面结构、各层厚度、路面现有状况、病害类型与程度、公路养护周期及提高等级的计划。

2)核查相交公路交通组成与交通量。

3)互通式立体交叉处的自然地理位置、经济开发、地区规划与要求。

4)互通式立体交叉范围内的工程地质、水文地质条件、建筑物和管线的拆迁、防护、排水、改移工程及照明、绿化、环保、占地等调查。

2 对相交公路的路面宽度、路线中线位置、路线纵断面等进行详细测量,测量长度应满足设计需要。

3 互通式立体交叉的匝道和连接线,应在实地放桩,中桩间距直线段应不大于20m,曲线段应不大于10m,并按路线测量的要求进行中桩水准测量和横断面测量。

9.10.4 分离式立体交叉勘测与调查:

1 应核查相交公路提高等级的计划及交叉处的地区发展规划,路面结构及各层厚度,地形、地物、排水等情况。

2 主线上跨相交公路,当不改建相交公路时,可只测量交叉点的位置、交叉角度、交叉点高程、路线中线位置、路线纵断面;当需改建相交公路时,相交公路的路线勘测应按相应等级公路进行勘测与调查,测量长度应满足设计要求。

3 分离式立体交叉范围内需设置排水设施或改移水渠时,应确定改移位置,测量纵、横断面;当地形图不能满足设计要求时,应修测或补测地形图。

9.10.5 通道与人行天桥勘测与调查:

1 核查落实乡村道路的用途及发展规划,总体研究通道及人行天桥的布局、设置位置和形式。

2 与主线公路交叉的乡村道路间距较密或路线在丘陵或山地通过的路段,应调查乡村道路合并与移位或修建通道、天桥的可能性。

3　进行相交道路中线、水准、横断面和交叉角度等测量,相交道路测量长度应满足设计要求;当相交道路下穿主线时,应调查排水条件和确定工程防护措施。

9.10.6　公路与铁路立体交叉勘测与调查:

1　应测量铁路每股道的桩号、交叉角度,每股道的内外侧轨顶高程、纵坡,股道间的距离和铁路路基宽度。

2　当公路下穿铁路时,应调查地下水位、排水条件及地质条件,拟定排水措施;当采用泵站抽水或开挖渠排水时,应进行有关的工程测量。

9.10.7　平面交叉勘测与调查:

1　根据定测路线与原有道路交叉的位置,实地测量交叉点桩号、交叉角度、相交路中线并进行水准测量和横断面测量,相交道路的测量长度应满足相交道路平、纵面设计的要求。相交公路中桩间距,环式和加铺转角式交叉应小于10m,分道转弯式交叉按路线中线测量要求。

2　公路与铁路平面交叉,应测量交叉处的桩号、交叉角度、铁路股道的内外侧轨顶高程、路基宽度及铁路路线纵坡坡度;调查并拟定铁路道口看守的位置,照明、通信、信号等设施线路接入的方式和位置。

9.10.8　公路与管线交叉:

1　调查测量各种相交管线的位置、交叉角度、桩号,管线种类、用途、结构形式、跨越或平行公路的长度、悬空高度或埋置深度和杆柱的倒伏长度。

2　重要的管线,应测量其纵、横断面图,并与路线或导线联测,拟定必要的防护和加固措施。

9.10.9　互通式立体交叉、分离式立体交叉、公路与公路及公路与铁路平面交叉、复杂的管线交叉,均应测绘比例尺为1:500~1:2 000的地形图。

9.10.10　各种交叉的位置、形式、标准等方案,均应征求地方政府或主管部门的意见。

9.11　沿线设施勘测与调查

9.11.1　应对初测调查的内容进行核查和补充,管理设施、服务设施处的地形、地物如有变化,应修测或补测地形图。

9.11.2　应实地核实沿线设施的总体布局、项目、形式、规模、用地及设置的位置。

9.11.3 应对管理设施、服务设施的连接路线、加减速车道的中线进行实地放样，并进行纵、横断面测量。

9.11.4 应对沿线安全设施设置的位置、类型、起讫桩号或长度进行调查。

9.12 环境保护调查

9.12.1 应核实按第 8.12 节要求进行的勘测调查，并应按批准的“环境影响评价报告”和初步设计审批意见进一步补充有关内容，确保环保措施的落实，确保工程建设区的生态环境不因公路建设而受到影响。

9.12.2 应对附近同类或相似的高填深挖工程的防护、路基路面所使用的材料、排水方式以及对周围生态环境产生的影响进行调查。

9.12.3 声屏障、油水分离池、蒸发池等应实地放桩，并测绘 1∶500～1∶2 000 平面图。线外涵洞、水闸等亦应实地调查，并测量纵、横断面等。

9.12.4 调查沿线需绿化地段起讫桩号及绿化种类、方法与内容，取土坑、弃土堆的位置、范围与面积，土地复垦工程及绿化面积。

9.12.5 调查沿线动、植物品种（特别是一些稀有濒危物种），确定保持生态平衡措施。

9.13 临时工程勘测与调查

9.13.1 应对初测阶段调查的有关临时工程勘测调查的内容进行核实并进一步补充。

9.13.2 对需要修建的施工便桥、便道应进行放样及纵、横断面测量，并进行相关内容的勘测调查。

9.13.3 当需要架设公路临时电力、电信线路时，应调查相适应的规格种类，并实测其长度。

9.13.4 进一步落实施工场地的位置并签订相应的协议。

9.14 工程经济调查

9.14.1 沿线筑路材料的调查：

1　应对初步设计调查的料场逐一核查，并进一步补充调查。

2　对所有调查的料场应进行比较，根据材料需要量，最后确定采用料场。

3　对大型料场进行必要的勘探与试验。

9.14.2　占地勘测与调查：

1　沿线土地应测绘用地图，结合设计需要提供永久性占地和临时占地数量。用地图比例尺为1:1 000～1:5 000，图中应标出中线、桩号、各类土地（水田、旱地、菜园、鱼塘、果园等）的分界线、用地宽度、使用人或单位。

2　应调查各类土地常种作物和近三年平均产量，调查统计独立果树和价值较高树木的株数、直径、数量及产量。

9.14.3　拆迁建筑物以及砍树、挖根、除草等的调查：

1　拆迁建筑物应调查其位置、范围尺寸、结构类型（房屋应注明层数）。

2　需拆迁的建筑设施，如管道、电力和电信设施，应调查所属单位及位置和拆迁影响长度，调查线杆或塔架的类型、编号和数量以及管道架设高度或埋设的深度等。与重要管线、铁路、水利等工程及文物古迹等重要设施发生干扰引起的拆迁工程，应与其主管部门协商，落实处理方案和工程措施。

3　调查沿线砍树、挖根、除草的路段长度，并结合工程设计的需要确定工程数量。

9.14.4　对初测临时工程调查进行补充、核实。

9.14.5　预算资料调查，应在初测调查的基础上进行补充调查和核实。

9.15　内业工作

9.15.1　应对下列各项外业资料进行检查、复核和签署，检查、复核内容包括测量方法的正确性、野外计算的正确性、记录的完整性等，检查各项勘测调查项目、内容及详细程度是否满足施工图设计的要求。

1　控制点点之记。

2　平面、高程控制测量野外记录手簿。

3　地形图测量的记录数据。

4　中桩放样记录手簿。

5　中平测量记录手簿。

6　横断面测量记录手簿。

7　各专业勘测调查记录手簿。

9.15.2　应对勘测成果进行内部自检和验收。对测绘资料进行限差检查并按规定进行计算,对测绘成果进行精度分析和评价。

9.15.3 对于向有关部门搜集的资料,应检查、分析其是否齐全、可靠、适用、正确。

9.15.4 对地形复杂的路线、不良地质地段、大型桥隧、立体交叉等地段的勘测调查资料,必须进行现场核对。

9.15.5 应按专业分类编绘(制)外业勘测成果图表并编制勘测报告。

9.16 资料提交

9.16.1 定测应提交的基本资料如下:

1 各种调查、勘测原始记录、图纸及资料。

2 各专业勘测调查的质量检查及分析评定资料。

3 路线平、纵面设计及各种底图、底表。

4 各专业主要计算、分析、论证资料。

5 各专业主要设计布置图和设计底表。

6 外业勘测说明书及有关协议和文件。

9.16.2 外业完成后,应经过主管部门的检查验收,经认可后方能离开现场或开展设计工作。

9.16.3 定测提交的图表和技术资料的基本要求宜参照表9.16.3执行。

表9.16.3 定测提交的图表和技术资料的基本要求

序号	图表、资料名称	内容和要求	备注
一	总体材料		
1	勘测设计外业工作报告	内容系统齐全,方案论证充分,文句简明通顺,勘测过程描述客观准确,能够反映工程和勘测的实际情况	如有比较方案,要同等深度论述
(1)	路线总体情况	路线所处位置的水文、地质、气象、地震等自然状况及沿线公路、铁路、水利、城镇、文物等现有布局及规划情况	
(2)	勘测过程	勘测起止时间,勘测前进行的准备工作,勘测采用的仪器、设备及软件情况,勘测基本控制点情况,勘测过程中出现的问题及解决情况	

续上表

序号	图表、资料名称	内 容 和 要 求	备　注
(3)	勘测情况	控制点复测及恢复、增设、放线情况，中桩测量情况，高程测量恢复和补测情况，横断面测量、地形测量或补测(修测)情况	
(4)	沿线工程地质及水系概况	重点说明沿线工程地质总体情况及不良地质地段情况，沿线主要水系分布情况(补充说明)	
(5)	路线总体方案	路线总体走向，沿线主要控制点，对各种影响路线走向的问题的处理情况，通过乡镇方案，垭口、河流等沿线重要地形通过位置及通过方案，初步采用的平面及纵断面指标	
(6)	主要工程量简介	包括路线长度，路基土石方估算数量、重点防护工程及重点排水工程数量、桥涵数量及长度，隧道数量及长度，主要交通安全设施数量	
(7)	路基路面	总体填、挖方情况及初拟边坡坡率，不良地质路段情况及初步确定的处理方案，路面结构选择情况，防护工程情况，总体排水设计情况	
(8)	桥梁工程	主要桥梁设置位置、目的，对附近构造物的影响情况，初步确定的方案及结构形式，桥梁方案比选情况	
(9)	隧道工程	隧道设置位置，进、出口选择情况，隧道地质条件，隧道方案比选情况	
(10)	路线交叉	主要交叉的分布及设置情况，初拟交叉方案	
(11)	交通安全设施	危险路段分布情况及初拟的安全措施	
(12)	环保设计	环境敏感区分布情况及初拟的环保方案，项目实施后对环境的影响情况	
(13)	沿线设施	沿线管理、养护、收费、服务设施设置情况及职责分工	
(14)	筑路材料调查情况	筑路材料的产量及分布情况、现供应范围及产量、可利用产量等情况	
(15)	施工组织及预算	主要的、影响工程预算的问题	
(16)	执行任务书(合同)情况	是否正确执行任务书(合同)，对任务书(合同)中具体要求的落实情况	
(17)	执行规范、规程及有关规定情况	正确执行技术标准，严格执行规范、规程及有关规定，精度经检查符合要求	
(18)	执行初步设计批复(可研批复)情况	说明执行情况，对有变化的地方应认真论证，提出理由	

续上表

序号	图表、资料名称	内 容 和 要 求	备　　注
(19)	初测资料的利用情况,复检、自检情况	应对外业勘测成果的深度、完整性和精度进行评价	
(20)	标段划分方案	划分段落合理,规模满足有关要求,便于施工组织和土方调配,方便工程招标	设计文件可不分标段,但必须提出标段划分建议
(21)	遗留问题或需要重点说明的问题、建议	论述清晰、准确,建议方案有比较价值	
2	主要技术经济指标表	全线主要技术经济指标齐全,正确清晰	比较线段落应单独列表
3	沿线水利、铁路、公路、城建、文物等部门相关规划补充调查记录	内容齐全、准确,与外省接线时,应通过充分协调,确定好接线点	
4	水文、气象、地质、地震等总体资料补充调查记录	内容齐全、准确	
5	其他图表、附件及资料	内容齐全、正确,清晰、美观	
二	路线		
1	路线平面图(补测)	测绘完整准确,内容齐全,清绘完毕,地类分界清晰	房屋建筑必须实测
2	路线纵断面示坡图	内容齐全,绘制正确清晰,纵坡设计基本合理,路线地质标注准确	应有路线地质图
3	路线概略透视图	能够清晰反映平、纵配合情况	特殊有要求的路段绘制
4	路线逐桩坐标计算表	计算正确	高速公路、一级公路编制
5	直线、曲线及转角表	计算正确,书写清晰	
6	导线点固定记录及固定表	内容齐全,书写清晰	二级及二级以下公路编制
7	水准点表	内容齐全,书写清晰,计算正确	
8	导线点及三角网测量计算资料	内容齐全,书写清晰,计算正确	高速公路、一级公路编制
9	基本勘测资料	中桩、纵断面、横断面、地形测量记录齐全、准确	
10	建筑物情况调查记录	详细记录沿线建筑物位置、类型、面积、归属等资料	记录整个路线测绘范围内资料,根据工作情况可与中桩记录等资料一同记录
11	树木、青苗、土地调查记录	详细记录沿线树木树种、数量、位置、归属,沿线地界、地类记录准确	
12	电力、电信调查记录	详细记录沿线电力、电信设施的位置、类型、归属等资料	
13	其他管线设施调查记录	详细记录沿线其他各种管线设施等的情况	

续上表

序号	图表、资料名称	内 容 和 要 求	备　注
14	现有道路现状调查记录	调查全面细致，记录准确清晰	利用旧路时编制
15	路线部分的初测资料利用情况，复查、自检资料和其他资料	复查、自检资料应有精度评定情况	
三	路基、路面		
1	路基标准横断面图	图纸清晰，符合相关规范要求	
2	路基典型横断面图	断面类型齐全，设计合理，图纸清晰	
3	特殊路基设计方案图	类型齐全，设计经济合理，内容完备，图纸清晰	
4	不良地质地段表	段落齐全，地质情况描述清晰	
5	路基土石方数量表	计算基本准确，调配基本合理	
6	取土场、弃土场调查记录及一览表	调查数量充足，地形图清晰准确，调查内容齐全，记录准确	
7	路线工程地质、水文地质勘察记录及地质取样试验一览表	勘察细致全面，能够从总体上反映路线所处位置工程地质和水文地质情况，地基土质定名、土工试验指标、地下水位及补给来源正确	
8	取土场地质勘察记录	勘察细致全面，能够反映取土场土质情况及土类划分情况	
9	路基防护工程一览表	包含各路段的路基防护形式，形式选择经济合理	
10	路基防护工程调查记录	防护工程的纵、横断面测量准确，地质情况调查清晰	不含植物防护
11	路基、路面排水工程一览表及排水系统布置图	确定各段落拟采取的排水形式，说明排水出口情况，布置图清晰、准确	
12	特殊排水设施调查记录	进行特殊设计的集水、排水、输水工程，延轴线方向纵、横断面测量准确，地质情况调查准确	
13	改河工程调查记录	改河位置准确，改河处地形图测绘准确，地质情况调查准确	
14	路基调治构造物设置一览表	段落齐全，结构合理，经济有效	
15	路基调治构造物调查记录	水流情况调查准确、全面，地形测绘准确，地质情况调查准确	
16	控制洪水位调查记录及水文分析、计算资料	调查段落齐全，数据准确，水文分析计算完整，水文控制参数取值正确	
17	路面结构方案图	结构方案基本合理，路基顶面模量调查基本准确	

续上表

序号	图表、资料名称	内容和要求	备注
18	路基、路面初测资料利用情况,复查和自检资料及其他有关资料	复查、自检资料应有对勘测成果的明确评定	
四	桥梁、涵洞		
1	桥梁一览表	包括桩号、孔径、交角、河流名称	小桥单独列表
2	水文调查分析及计算资料	调查资料完整、齐全,分析系统、准确,初步确定洪水流量和设计水位	包括大、中、小桥及涵洞
3	大中桥桥位平面图	平面地形测绘准确,范围符合规定,导流及附属工程布设合理	
4	桥型方案图	标明洪水位、桥面高程等资料	中桥以上桥梁、特殊小桥绘制
5	导流防护工程方案图	完成简图,可有多个方案,可与桥位平面图一并绘制	
6	涵洞一览表	包括类型、桩号、孔径、交角、净高	
7	过水路面段调查记录	调查资料全面、准确,记录清晰	
8	通航河道桥位河床平面图	测绘准确、记录清晰,满足航道和通航管理有关标准、规范规定及管理部门有关要求	
9	桥位测量记录	桥位控制测量、高程测量、地形图测量及桥轴线纵横断面测量,记录齐全,书写清晰,测量方法和精度符合规范要求	高速公路、一级公路可与路线资料一并进行
10	桥位控制点一览表	包括各种测量控制点,记录齐全,书写清晰	
11	原有桥涵情况调查记录	调查资料全面、准确,记录清晰	
12	桥涵初测资料利用情况,复查、自检资料和其他相关资料	复查、自检资料应有精度评定情况,对勘测成果有明确评价	
五	隧道工程		
1	隧道一览表	包括隧道起终点、长度、中心桩号	
2	隧道地形图	隧道洞口位置前、后、左、右至少各宽60~100m,并满足设置附属设施的需要	
3	隧道纵断面图	提出初步方案	
4	隧道纵横断面测量记录	包括隧道洞顶路线及连接线放线和中桩测量记录、洞顶横断面测量记录	
5	隧道控制测量记录	包括平面控制测量、高程控制测量、贯通控制测量记录	
6	隧道断面形式图	提出初步方案	

续上表

序号	图表、资料名称	内容和要求	备　注
7	附属工程方案	初步拟定通风、照明、供电、通信、信号、标志等附属工程方案	
8	隧道初测资料利用情况，复查和自检资料及其他有关资料	复查、自检资料应有精度评定情况，对勘测成果有明确评价	
六	路线交叉		
1	互通式立体交叉表	包括桩号、相交道路等级、跨越形式、交叉形式	
2	互通式立体交叉平面图	布设合理，测绘准确	
3	互通立交纵断面示坡图	内容齐全，绘制正确清晰，纵坡设计合理。存在比较方案时单独编制	
4	跨线桥桥型方案图	桥孔布设合理，资料齐全，方案经济合理。可有比较方案	
5	分离式立体交叉表	包括桩号、孔径、交角、跨越形式、相交道路等级	
6	分离式立体交叉桥位平面、纵断面图	测绘准确，内容齐全，引道布设合理	
7	分离式立体交叉桥型方案图	桥孔布设合理，内容齐全，可提出多种方案供选择	
8	通道（天桥）一览表	包括桩号、孔径、交角、跨越形式、相交道路等级	
9	通道（天桥）调查记录	设置合理，资料齐全，相关书面协议签署完备	
10	通道（天桥）方案图	完成典型方案图，与相交道路衔接合理	
12	平面交叉一览表	包括桩号、交角、相交道路情况	
13	平面交叉方案图	完成典型和复杂平面交叉方案图	
14	相交道路调查记录	相交道路纵横断面现状测绘准确，路况调查翔实，调查范围满足需要	
15	公铁立交一览表	包括桩号、孔径、交角、跨越形式、铁路等级、对应铁路桩号	
16	公铁立交桥型方案图	桥孔布设合理，内容齐全，满足铁路有关技术标准和规范要求	
17	公铁平交一览表	包括桩号、交角、铁路等级、对应铁路桩号	
18	相交铁路调查记录	铁路每股道的桩号、交叉角度、内外侧轨顶高程、纵坡、股道间距、铁路路基宽度、平曲线	
19	其他交叉一览表及调查记录	设置合理，调查资料齐全，有书面协议	

续上表

序号	图表、资料名称	内容和要求	备注
20	交叉工程初测资料利用情况,复查、自检资料和其他资料	复查、自检资料应有精度评定情况,对勘测成果有明确评价	
七	其他工程及沿线设施		
1	安全设施表	对每一段落提出具体桩号、安全级别要求	
2	管理(收费)设施一览表	包括位置、职责范围、规模,已与建设单位及上级主管部门协商确认,有书面协议或批文	
3	服务设施一览表	包括位置、功能、规模,已与建设单位及上级主管部门协商确认,有书面协议或批文	
4	管理、服务设施地形图	测绘准确,图纸清晰	
5	连接路线、进出口道路勘测	完成,符合相应技术要求	
6	其他工程一览表	资料翔实、准确,方案合理	
7	其他工程布置图	布设合理,资料齐全,记录清晰,必要时有书面协议	
8	其他工程及沿线设施初测资料利用情况,复查、自检资料及其他有关资料	复查、自检资料应对勘测成果有明确评价	
八	环境保护		
1	环境保护工程一览表	提出段落桩号、受影响情况、推荐的环保形式	必须包括环评报告的环境敏感区
2	典型环保工程布置图	包括主线典型布置图、特殊地段布置图,绘制清晰准确,方案经济合理	环评报告的环境敏感区必须完成
3	路外环保设施平面图	包括蒸发池、声屏障等设施的平面布置图及地形图	
4	取、弃土场环境调查记录	各取、弃土场的施工前自然状况,并提出初步的环保恢复方案	
5	环境保护工程初测资料利用情况,复查、自检资料及其他有关资料	复查、自检资料应对勘测成果有明确评价	
九	工程地质		
1	工程地质报告初稿	报告清晰准确,内容翔实,路线工程地质状况描述清晰	
2	工程地质平面图	资料正确,内容齐全,绘制清晰	高速公路、一级公路
3	不良地质路段地质情况调查记录及图表	完成全部不良路段的地质情况调查工作,可满足设计工作要求	

续上表

序号	图表、资料名称	内 容 和 要 求	备　注
4	深挖方路段地质调查记录及图表	完成挖方大于8m路段及挖方大于3m的水文地质条件复杂路段地质调查，可以满足确定开挖土石类别比例要求，较全面地揭露开挖后可能遇到的问题	
5	大型支挡构造物基础地质调查记录及图表	通过钻孔、挖探等手段确定基础承载力情况，满足结构设计要求	
6	特大、大中桥基础地质调查记录及图表	通过钻探、挖探等手段确定地基情况，满足基础设计及绘制地质纵断面图要求	包含跨径属于大、中桥的交叉构造物
7	小桥、涵洞基础地质调查记录及图表	通过钻探、挖探等手段确定基础承载力情况，满足基础设计要求	包含跨径属于小桥涵的交叉构造物
8	隧道工程地质调查记录及图表	通过钻探、挖探、物探等多种手段相结合的方式，确定隧道及施工影响范围内的工程地质情况，深度满足围岩分类划分及结构设计要求，对断层、溶洞等严重不良地质情况应确定其影响范围及程度	
9	场地工程地质安全性评价	完成特大桥、特长隧道、附近存在活动断层等不良地质条件的大型构造物的场地工程地质安全性评价	两阶段施工图应在初步设计中完成
10	下穿构造物水文地质情况调查	完成下穿铁路、公路及其他构造物处的水文地质条件(包括地表水文情况、地下水情况、地表及地下排水条件)调查，满足排水设计要求	
11	其他工程地质情况调查资料	完成，资料满足设计要求	
12	工程地质初测资料利用情况，复查、自检资料及其他有关资料	复查、自检资料应对勘测成果有明确评价	
十	筑路材料		
1	材料料场一览表	清晰准确，内容齐全	
2	沿线筑路材料供应示意图	绘制清晰准确，供应方案合理可行	
3	地产材料料场情况调查记录	料场位置、生产方式及技术水平、生产规模及能力、资源储量情况	
4	材料供应情况调查记录	包括运输方式、供应地点、生产能力等调查，调查内容齐全，记录准确记录齐全，书写清晰，数据准确	

续上表

序号	图表、资料名称	内容和要求	备　注
5	自采料场调查、勘测记录及附表	包括拟采用自采料场位置、资源种类、储量、覆盖层厚度、拟采用的生产方式、运输方式等,并附料场地质勘察记录	
6	材料取样试验及试验结果一览表	全部取样试验材料均列出取样地点、取样量、拟试验项目,对方案有影响的试验应已完成	
7	筑路材料初测资料利用情况,复查、自检资料及其他有关资料	复查、自检资料应对勘测成果有明确评价	
十一	施工组织设计及预算		
1	全线便道、便桥总体规划示意图	在路线平面图基础上绘制,要求清晰、准确,反映整个施工便道情况,包括利用现有道路、桥梁及新建道路、桥梁的情况,便道里程、桥长准确	
2	临时工程及施工场地一览表	包括综合施工场地、大中桥、隧道施工场地的面积及位置,临时电力、电信、打井等临时工程的数量	
3	施工场地平面图	地形复杂、对施工组织有影响的施工场地,应详细测定其平面图	
4	相关协议或意向书	拆迁(电力、电信、文物)协议、跨越(铁路、河流等)协议、征地协议等影响工程方案的书面协议或意向书	
5	预算相关调查资料	包括人员工资标准、运输条件、可用运输手段、材料单价及供应地点、运距、拆迁补偿标准、农田产值情况、林地林种及生长年限情况	
6	施工组织设计及预算初测资料利用情况,复查、自检资料及其他有关资料	复查、自检资料应对勘测成果有明确评价	
十二	其他勘测调查资料	清晰准确,签署齐全	

10 一次定测

10.0.1 一次定测应根据批准的“工程项目可行性研究报告”及审批意见所确定的修建原则和路线基本走向方案，通过定线、平面高程测量，中桩、横断面及地形测量，桥涵、隧道、路线交叉等资料的勘测、调查及内业工作，为编制施工图设计提供资料。

10.0.2 一次定测的准备工作及现场踏勘，应符合第8.1节和第8.2节的规定。

10.0.3 一次定测宜采用现场定线，但对地形、地质复杂或工程艰巨的局部路段，应布设导线、实测地形，进行纸上定线，然后放线定测。定线和放线的要求应符合第8.5节的规定。

10.0.4 一次定测应通过内业工作进行综合检查，必要时应进行纸上移线，纸上移线后应实地放线测量。

10.0.5 平面控制测量及中桩放样除应符合第4章、第9章的规定外，还应符合以下要求：

1 路线平面控制点可利用路线交点桩、转点桩、桥隧控制桩和起终点桩等路线控制桩，亦可另外埋设控制点桩。当利用路线控制桩作为平面控制点时，应对路线控制桩进行护桩，并认真做好护桩记录。

2 平面控制测量的坐标系统可采用假定坐标系。当路线起、终点距国家平面控制点不远于30km时宜予以联测；联测确有困难时，可观测磁方位角或采用GPS测量确定和校核方位。

3 路线平面控制点与国家或其他控制点形成附合或闭合导线时，其角度闭合差不得超过$\pm 60\sqrt{n}$（n为测站数），距离相对闭合差不得大于1/1 000。

4 采用磁方位角定位，应每天观测一次以上，并与计算方位角校核，其较差不得大于2°。

10.0.6 高程控制点设置与测量应符合第4.2节高程控制测量的规定。中桩高程测量及其精度要求应符合第9.3节的规定。

10.0.7 横断面测量应符合第9.4节的规定。

10.0.8 地形图测量可利用纵、横断面资料辅以仪器测量现场勾绘全线地形图,当采用纸上定线时应实地测绘地形图,测图比例尺可用1:2 000~1:5 000。实地测绘地形图时,其技术要求与精度应符合第5章的规定。

10.0.9 路基、路面及排水勘测与调查,应符合第9.6节的规定。旧路改建项目应对原有公路的路基、路面结构形式进行调查。

10.0.10 小桥涵勘测应符合第9.7节的规定。

10.0.11 大、中桥勘测应符合第9.8节的规定。

10.0.12 隧道勘测应符合第9.9节的规定。

10.0.13 路线交叉勘测应符合第9.10节的规定。

10.0.14 沿线设施应依据公路等级、设计原则和工程内容,按第9.11节的规定执行。

10.0.15 环境保护工程应依据公路等级、设计原则及工程设施,按第9.12节的规定执行。

10.0.16 临时工程勘测与调查应按第9.13节的规定执行。

10.0.17 征地、拆迁、临时工程、筑路材料及概、预算基础资料等工程经济调查应符合第9.14节的规定。

10.0.18 内业工作的内容与要求应符合第9.15节的规定,应完成路线平纵面设计、桥涵布置与路基横断面设计,并进行综合检查,及时调整、改移路线。

10.0.19 资料提交的内容应符合第9.16节的规定。

附录A　控制测量桩规格及埋设示意图

A.0.1　三等平面控制测量桩尺寸图(图A.0.1)

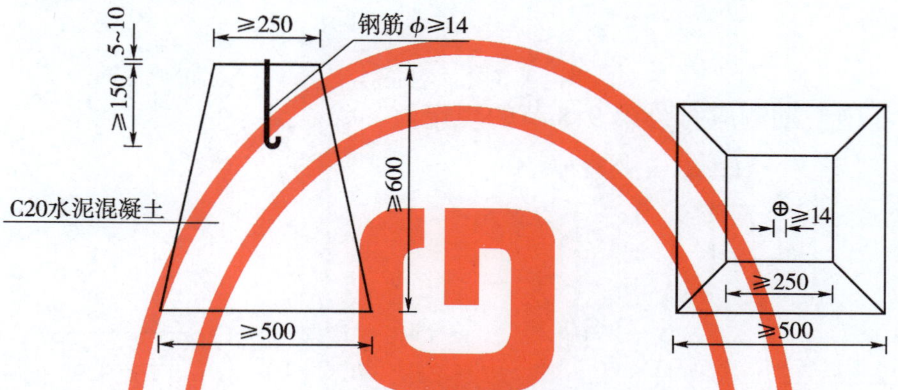

图　A.0.1(单位:mm)

A.0.2　四等平面控制测量桩尺寸图(图A.0.2)

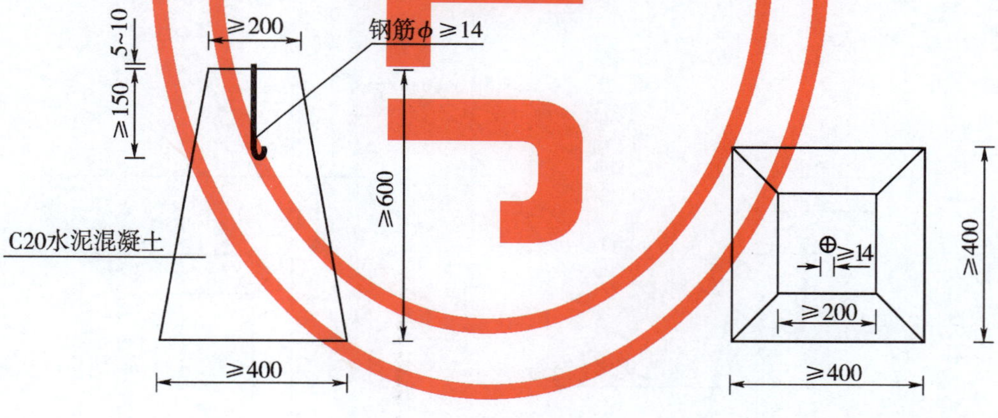

图　A.0.2(单位:mm)

A.0.3　一级平面控制测量桩尺寸图(图A.0.3)

A.0.4　二级平面控制测量桩尺寸图(图A.0.4)

A.0.5　三等高程控制测量桩尺寸图(图A.0.5)

A.0.6　四等高程控制测量桩尺寸图(图A.0.6)

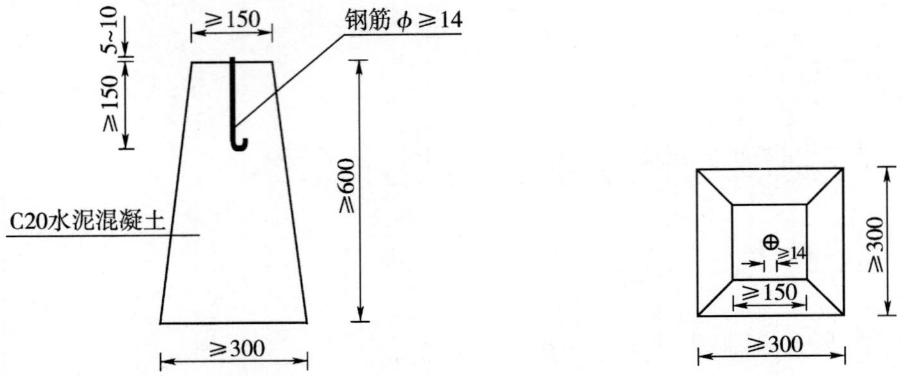

图 A.0.3(单位:mm)

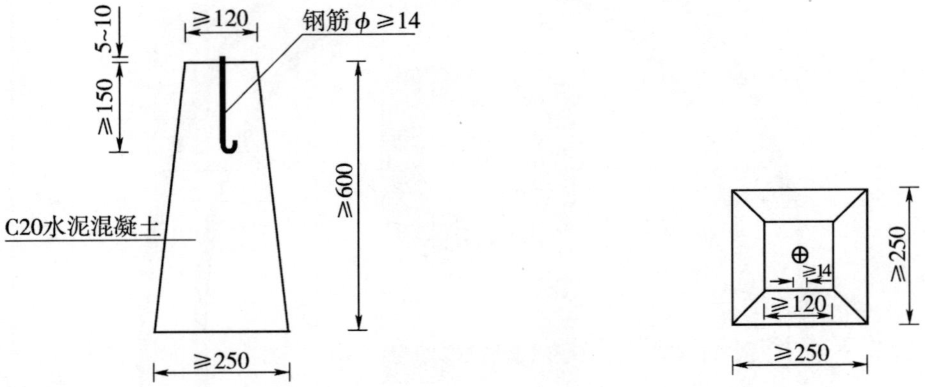

图 A.0.4(单位:mm)

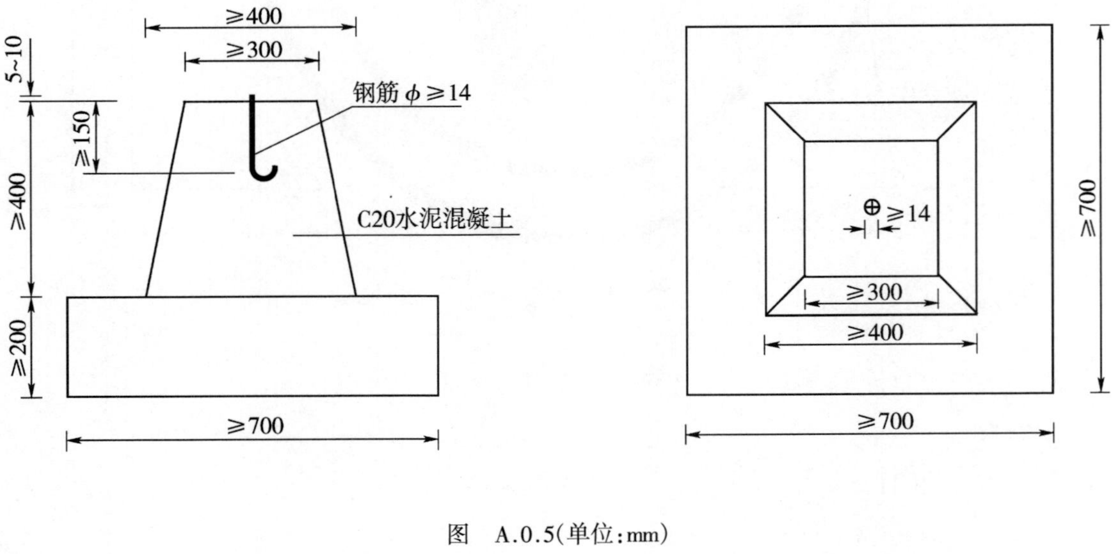

图 A.0.5(单位:mm)

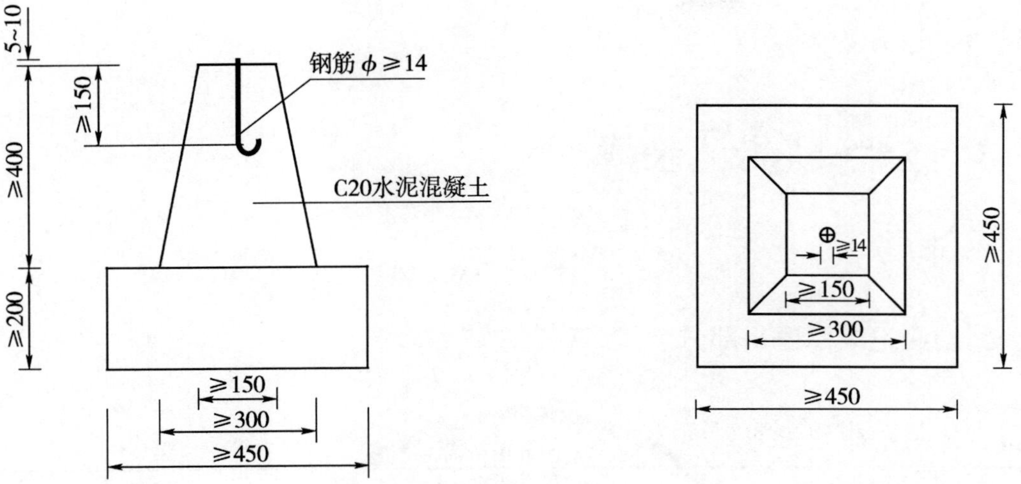

图　A.0.6(单位:mm)

A.0.7　控制测量桩埋设剖面图(图 A.0.7)

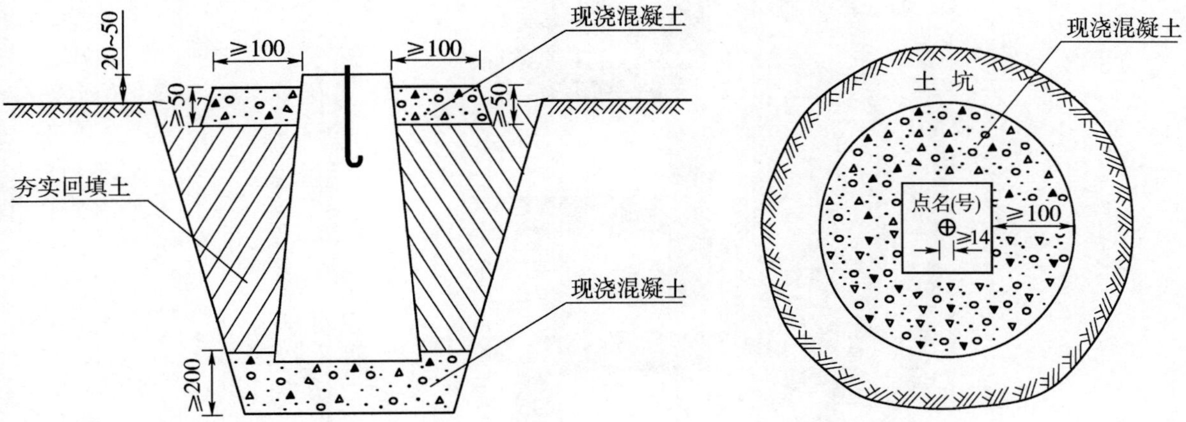

图　A.0.7(单位:mm)

附录 B　公路勘测记录簿

B.1　公路勘测记录簿通用部分

B.1.1　公路勘测记录簿封面

××记录簿

测 设 单 位　××

B.1.2　公路勘测记录簿封二

路 线 名 称__________________

××记录簿

第____本　共____本

（本记录簿有效记录共____页，不得撕页）

勘测调查　自_______________至_______________

起 讫 点：(自 K_______________至 K_______________)

勘测日期：自________年________月________日

至________年________月________日

测 设 单 位　××

B.1.3 公路勘测记录簿封三

校审记录表

<table>
<tr><td>过程检查意见

签名：
日期：</td><td>处理意见

签名：
日期：</td></tr>
<tr><td>最终检查意见

签名：
日期：</td><td>处理意见

签名：
日期：</td></tr>
<tr><td colspan="2">验收意见

签名：
日期：</td></tr>
</table>

B.1.4　公路勘测记录簿封四

目　　录

序　号	内　容(起讫桩号)	页　码

B.2 公路勘测记录簿专业部分

B.2.1 控制测量点之记

点 之 记

第____页

点 名		类 别		等 级	
所在地					
交通路线略图：			交通情况概述：		
点位略图：			埋石标志：		
选点情况	单 位				
	选点员		日 期	____年____月____日	
埋石情况	单 位				
	埋石员		日 期	____年____月____日	
备 注（前后相邻点名、通视情况等）					

B.2.2　四等水准测量记录簿

仪器：　　　　　　　观测：　　　　　　　记录：　　　　　　　年　月　日

测自：　　　　　　　至　　　　　　　　　复核：　　　　　　　年　月　日　第____页

测站编号	后尺	前尺	方向及尺号	标尺读数		K+黑减红	高差中数	备注
	上丝	上丝		黑面	红面			
	下丝	下丝						
	后距	前距						
	视距差 d	Σd						
			后					
			前					
			后－前					
			后					
			前					
			后－前					
			后					
			前					
			后－前					
			后					
			前					
			后－前					
			后					
			前					
			后－前					
			后					
			前					
			后－前					
			后					
			前					
			后－前					
			后					
			前					
			后－前					

B.2.3 GPS 测量记录簿

观测：　　　　　　　　　　记录：　　　　　　　　　　　　　　　　　年　月　日　第____页

<table>
<tr><td colspan="2">点名(号)</td><td colspan="2"></td><td colspan="2">等级</td><td colspan="2"></td></tr>
<tr><td colspan="2">日期</td><td colspan="2"></td><td colspan="2">日时段号</td><td colspan="2"></td></tr>
<tr><td colspan="2">传感器编号</td><td colspan="2"></td><td colspan="2">控制器编号</td><td colspan="2"></td></tr>
<tr><td colspan="2">记录开始时间</td><td colspan="2"></td><td colspan="2">记录结束时间</td><td colspan="2"></td></tr>
<tr><td>测前天线高</td><td>mm</td><td>测后天线高</td><td>mm</td><td>平均天线高</td><td colspan="3">mm</td></tr>
<tr><td>时间</td><td colspan="3">跟踪卫星号(PRN)</td><td>GDOP</td><td>干温
(℃)</td><td>湿温
(℃)</td><td>气压
(Pa)</td></tr>
<tr><td rowspan="2"></td><td colspan="3"></td><td rowspan="2"></td><td rowspan="2"></td><td rowspan="2"></td><td rowspan="2"></td></tr>
<tr><td colspan="3"></td></tr>
<tr><td rowspan="2"></td><td colspan="3"></td><td rowspan="2"></td><td rowspan="2"></td><td rowspan="2"></td><td rowspan="2"></td></tr>
<tr><td colspan="3"></td></tr>
<tr><td>记

事</td><td colspan="7"></td></tr>
</table>

B.2.4 角度和距离测量记录簿

测站：　　　　　　　　　　仪器：　　　　　　　　　　　　　　　　　　年　月　日　第____页

觇点	读数		2C	半测回方向值	一测回平均方向值	各测回平均方向值	备注
	盘左	盘右					
	° ′ ″	° ′ ″	″	° ′ ″	° ′ ″	° ′ ″	

测站：　　观测：　　记录：　　复核：　　　　　　　　　　　　　　　　年　月　日　第____页

距离测量（平、斜）	仪高(m)		气压 P(Pa)		温度 t(℃)			
	觇点	觇高(m)			觇点	觇高(m)		
	I	II	III	IV	I	II	III	IV
	平均				平均			
垂直角（高差）测量	盘左	盘右	指标差（高差之差）		盘左	盘右	指标差（高差之差）	
	平均				平均			

B.2.5 中桩放样测量记录簿

仪器：　　　　　　　　　　　　　　　　　　　　　　　　年　　月　　日　　第____页

测站情况或联测情况
(测站点名、坐标,方向点名、坐标,当使用 GPS PTK 方法时,基站点名、联测点等)
检　测　情　况
(距离、高差、坐标检测情况)
支　点　情　况
(支点的坐标、距离、高程等)

观测：　　　　　　记录：　　　　　　复核：　　　　　　年　　月　　日　　第____页

中桩桩号	距离 (m)	垂直角(°′″) 或高差(m)	仪器高 (m)	棱镜高 (m)	高程 (m)	桩位说明

B.2.6　中平测量记录簿

仪器：　　　　　　观测：　　　　　　复核：　　　　　　　　　　　　　年　　月　　日　　第____页

桩号或测点编号	水准尺读数			高差(m)	高差改正数(mm)	改正后高差(m)	视线高(m)	高程(m)	备　注
	后视	间视	前视						

B.2.7　路线横断面测量记录簿

观测：　　　　　　记录：　　　　　　仪器：　　　　　　　　　　　　　年　　月　　日　　第____页

距　离 (m)——左 高　差							中桩桩号	距　离 右——(m) 高　差							示 意 图

B.2.8 小桥涵勘测调查记录簿

调查：　　　　　　记录：　　　　复核：　　　　　　　　　　　年　月　日　第___页

<table>
<tr><td>编　号</td><td></td><td>桩　号</td><td></td></tr>
<tr><td>地域或河名</td><td></td><td rowspan="3">桥涵位置与路线交角及河流流向简图</td><td rowspan="3"></td></tr>
<tr><td>河床土壤</td><td></td></tr>
<tr><td>构造物处河床坡度</td><td></td></tr>
<tr><td>构造物处河底高程</td><td></td><td>水面坡度 i</td><td></td></tr>
<tr><td>水 位 高 程</td><td></td><td>水　深</td><td></td></tr>
<tr><td>洪水位高程</td><td colspan="3"></td></tr>
<tr><td>模拟设置形式</td><td colspan="3">桥 / 管 涵 / 板 涵 / 箱 涵</td></tr>
<tr><td>模拟孔(跨)径</td><td colspan="3"></td></tr>
<tr><td rowspan="14">其他勘测调查(汇水面积、历史洪水位、河道简史、河床冲淤、河或沟渠功能、河沟底纵坡、河涵底高程及上下游构造物情况、漂浮物及冰冻情况等描述)</td><td colspan="3"></td></tr>
<tr><td colspan="3"></td></tr>
<tr><td colspan="3"></td></tr>
<tr><td colspan="3"></td></tr>
<tr><td colspan="3"></td></tr>
<tr><td colspan="3"></td></tr>
<tr><td colspan="3"></td></tr>
<tr><td colspan="3"></td></tr>
<tr><td colspan="3"></td></tr>
<tr><td colspan="3"></td></tr>
<tr><td colspan="3"></td></tr>
<tr><td colspan="3"></td></tr>
<tr><td colspan="3"></td></tr>
<tr><td colspan="3"></td></tr>
</table>

年　月　日　第____页

构造物平面示意图

河床(沟渠)断面示意图

B.2.9 大、中桥涵勘测调查记录簿

桥梁外业勘测说明

编制： 复核： 年 月 日 第___页

描述桥位所处的地理位置、河流概况以及水文、地质、气象和环保情况，简述水文资料的搜集及水文分析方法和计算结果，论述桥位处地形、地质、水文以及漂浮物等对桥梁布设的影响，初拟桥型方案和导流防护构造，并对勘测方法和经过进行简要的说明等。

水位调查记录

调查：　　　　　　　　复核：　　　　　　　　年　月　日　第____页

一组洪痕位置草图

编 号	详细位置	发生年月(日)	高程(m)	可靠程 度

详细记录：被询问人姓名、年龄、住址、洪水发生的时间、洪水历时等特征，洪水灾情、河道纵横变迁、冰塞、决堤、漂浮物等情况，按本河型应收集的特性资料以及各资料的可靠程度等。

河流纵向水面(河床)比降记录

测时水位：

测量：　　　　　　　　　　复核：　　　　　　　　　　　　年　　月　　日　　第____页

比降桩编号	沿河桩号	间距(m)	测时						
			水面高程(m)	水深(m)	河底高程(m)	水面		河床	
						高差	比降	高差	比降

形态断面资料综合表

距桥轴线上(下)游距离：

制表：　　　　　　　　　　复核：　　　　　　　　　　　　年　　月　　日　　第____页

原记录点次	桩号	间距(m)	地面高程(m)	备注

地表特征记录

记录：　　　　　　　　　　复核：　　　　　　　　　　年　月　日　第____页

平面示意图(注明代表性桩号) 前进方向 →
按桩号起讫段落说明断面上下游表面土壤和种植季节情况，上下游环境、地势、建筑物、滩槽分界线及糙率、调查淹没频率地点高度。

桥轴纵断面资料综合表

制表：　　　　　　　　　　复核：　　　　　　　　　　年　月　日　第____页

原记录点次	桩　号	间　距 (m)	地面高程 (m)	备　注

桥轴辅助纵断面(左侧)资料综合表

距桥轴线距离:

制表:　　　　　　　　　　复核:　　　　　　　　　　　　年　　月　　日　　第____页

原记录点次	桩　号	间　距 (m)	地面高程 (m)	备　注

桥轴辅助纵断面(右侧)资料综合表

距桥轴线距离:

制表:　　　　　　　　　　复核:　　　　　　　　　　　　年　　月　　日　　第____页

原记录点次	桩　号	间　距 (m)	地面高程 (m)	备　注

桥梁墩台辅助断面测量记录

测量：　　　　　　　　复核：　　　　　　　　　　年　月　日　第____页

断面位置示意(示意墩台位置及断面编号)：

前进方向 →

____________断面

____________断面

____________断面

____________断面

____________断面

调治构造物布置草图及测量记录

测量：　　　　　　　　复核：　　　　　　　　　　年　月　日　第____页

平面示意：

前进方向 →

相关测量记录：

B.2.10 原有桥涵调查记录簿

调查： 年 月 日 第____页

桥涵编号：	桩号： K +
河沟(或桥)名称：	距新线距离： m
上部构造类型：	桥梁全长： m
孔数及跨径：	建筑高度： m
桥宽(或涵长)： m	墩台及基础形式：
桥面高程：	墩高： m 台高： m
填土高度： m	基底高程：
建筑年代：	桥涵及路线交角：
河床(或涵底)高程：	河床(或涵底)坡度： ‰
汇水面积 $F=$ km^2	进出口形式：
桥(涵)前洪水位 $H_1=$ m	相应的上游天然水深： m
桥(涵)前洪水位 $H_2=$ m	相应的下游天然水深： m
洪水发生年代及情况：	
地形及地质情况：	
上下游冲淤情况：	
洞口及涵底加固形式：	
构造物载重能力估计：	
构造物现状：	
利用或改建意见：	

原有桥涵量绘草图

年　月　日　第____页

立　面

平　面

墩

台

B.2.11 河床断面测量记录簿

河流名称：　　　　　　　　　　　　仪　器：　　　　　　　　　　测站：

观测：　　　　记录：　　　　　　　仪器高：　　　　　　　　　　年　　月　　日　　第____页

桩　号 或点号	距离读数	垂直角 或高差	棱镜高	平　距	高　差	高　程	桩位说明

河床断面示意图

B.2.12　取土场、弃土场调查表

调查人：　　　　　　　　　　　　　　　　　　　　　　年　月　日　第____页

土场编号		可取面积		取样编号	
土场名称		可取数量		取样数量	
上路桩号	K　+　左(右)　运距：　(km)				
土场位置、地形、地物概略描述					
现有道路情况					
地下水位	(m)				
整修便道	等级：　宽度：　(m)　长度：　(m)				
新建便道	等级：　宽度：　(m)　长度：　(m)				
运输条件 运输工具					
弃土编号		弃土地点		弃土数量	
弃土位置描述、运距及运输方式					
其　他					
土场草图	北↑				
弃土场草图	北↑				

B.2.13 天然筑路材料料场调查记录簿

调查：　　　　　　　　　　复核：　　　　　　　　　　年　月　日　第____页

料场名称		所属单位	
位　置			
上路桩号			
料　场　描　述			
储藏量、年产量及供应量			
临　时　工　程			
占　用　地　亩　及　其　他			
料场示意图(含运输线路)			
材料试验			
编　号	材　料　名　称	规　格	试　验　结　果

B.2.14　沿线文物、学校等调查记录簿

调查：　　　　　记录：　　　　复核：　　　　　　　　年　月　日　第___页

名　称	
桩　号	K　　至K　　左：　　m　　右：　　m
建筑年代	
规　模	
建筑形式	
性质或等级	
管 理 者	
隶属单位	
所在地名	
占地面积	
其 他 说 明	

B.2.15 建筑物拆迁调查记录簿

调查： 记录： 复核： 年 月 日 第____页

桩 号							
距路中线(m)		左					
		右					
户名或单位名							
所在乡、村							
房屋	平房(m^2)	砖房					
		土房					
	楼房(m^2)	砖混					
	厂房(m^2)	钢混					
		钢架					
	简易房(长×宽= m^2)						
围墙	砖 (长= m)						
	土 (长= m)						
地坪	水泥(长×宽= m^2)						
	砖 (长×宽= m^2)						
蔬菜大棚 (m^2)							
厕 所 (座)							
猪 圈 (个)							
牛 圈 (个)							
禽 棚 (个)							
粪 池 (个)							
沼 池 (个)							
水 井 (口)							
坟 (座)							
其他							

注：水井如属机井应加注“机”。

B.2.16　水文调查记录簿

调查：　　　　　　　记录：　　　　　　复核：　　　　　　　　　　　年　　月　　日　第___页

工程名称	
调查地点	
一、洪水位调查：	
二、河床变迁：	
三、上、下游建筑物情况：	
四、冰凌调查：	
五、通航情况：	
六、水利、水文、气象等部门提供的情况：	
七、被调查者：	
八、附　件：	
九、示意图：	

B.2.17 拆迁电信、电力及管线调查记录簿

年　　月　　日　　第____页

起讫桩号	交叉角(°)	所属单位	设备种类及数量								备注
			钢架	钢筋混凝土双柱架	钢筋混凝土柱	木杆	电缆	地下电缆	地下管道	水管	
			座	根			m		处	m	

B.2.18 砍树、挖根调查记录簿

年　　月　　日　　第____页

起讫桩号	所属单位	除草		灌木				果树				林树				备注
		稀	密	稀	密	一般	困难	种类	幼	小	成	种类	幼	小	成	
		1 000m²						棵								

B.2.19 原有道路及交叉调查记录簿

调查： 记录： 复核： 年 月 日 第___页

路 段	K ~K	交叉角度	
交叉点桩号	K	道路等级	

被交叉路描述：
路 基：
1.宽度 2.高度
3.路堤 路堑：左 右
4.边沟：纵坡 % 加固形式：
5.地质类型： 6.地下水位：
路 面：
1.路面层类型、厚度：
2.路面宽度： m 3.路 拱：左 % 右 %
4.路肩宽度： m 5.路肩坡度：左 % 右 %
交叉方式建议：
其他：
原有道路及交叉示意图
平面示意图
纵面示意图

B.2.20 规划道路调查记录簿

调查：　　记录：　　复核：　　年　月　日　第____页

项　目	现　状	规　划	备　注
公路名称			
公路等级			
交通量			
规划实施年限			
规划批准与否 及批准单位			
路基宽度			
路面类型及宽度			
是否改移及位置			
净高要求			
可否下挖及高程			
高程系统			

平面示意图

断面示意图

B.2.21 路线交叉调查记录簿

调查： 复核： 年 月 日 第___页

编号		中心桩号	K +	名称		交角	

调查描述：

初步拟定孔径及墩台形式：

交叉处平面图：

被交叉道路(或管线)横断面：

被交叉道路(或管线)纵断面：

B.2.22 取样记录簿

取样地点:K ________ + ________ 左________(m) 右________(m)

第________号试坑 取样深度由________(m) 至________(m)

样品名称________________ 用 途________________

样品号数________________ 取样袋编号________________

试验项目____

____

____

____

____

____

____

____

取样者____________ 日期________年______月______日

B.2.23 工程材料市场供应调查记录簿

调查: 记录: 复核: 年 月 日 第___页

材料名称	规 格	单 位	单 价 (元)	货源地及单位

B.2.24　清淤排水调查记录簿

调查：　　　　记录：　　　　复核：　　　　　　　　年　月　日　第____页

起讫桩号	距中线距离(m)		宽　度 (m)	水(塘)深 (m)	淤泥深度 (m)	备　注
	左	右				

平　面　示　意　图　(1:2 000)

B.2.25 规划航道记录簿

调查：　　　　记录：　　　　复核：　　　　年　月　日　第___页

项　目	航 道 部 门		水 利 部 门		备 注
河流名称					
航道等级					
规划实施年限					
规划批准与否及批准单位					
断面尺寸、河底高程					
是否改移及位置					
最高/低通航水位					
历史最高洪水位					
流　量					
净空要求					
河堤是否下挖及控制高程					
模拟孔(跨)径					
其他附属设施					
高程系统					

平 面 示 意 图

断 面 示 意 图

注：历史最高洪水位应在栏内注明发生年份。

B.2.26 土地调查表

年 月 日 第____页

作物种类	年			年			年		
	亩产量（kg/亩）	单 价（元/kg）	亩产值（元/亩）	亩产量（kg/亩）	单 价（元/kg）	亩产值（元/亩）	亩产量（kg/亩）	单 价（元/kg）	亩产值（元/亩）
旱 田									
水 田									
菜 田									
林 地									
水 塘									
大 棚									

起讫桩号	所属县、乡	征用土地类别												备注
		水田	旱地	菜地	林地	宅基地	水塘	荒地	果园					

B.2.27 道路地质调查表

调查：　　　　　　　　　　　　　　　　　　　　　　　年　　月　　日　第____页

层号	深 度（m）	岩 层 描 述	工程等级	取 样	
				编 号	深度 （m）

道路地质描述(由 K　　+　　至 K　　+　　)：

B.2.28　施工组织设计调查记录簿

调查：　　　　　　记录：　　　　　　复核：　　　　　　　　　年　　月　　日　第____页

工程用途	
桩　号	K　　　至K　　　　左　　　m 右　　　　　m
场地描述(耕地种类、种植情况)	
	市(县)　　　　乡(镇)　　　　村　　　　户
	旱地　　　　　亩　　　　水田　　　　　亩
	市(县)　　　　乡(镇)　　　　村　　　　户
	旱地　　　　　亩　　　　水田　　　　　亩
	市(县)　　　　乡(镇)　　　　村　　　　户
	旱地　　　　　亩　　　　水田　　　　　亩
场 地 位 置 示 意 图	

附录C 本细则用词说明

为科学确定技术标准,合理运用技术指标,本细则对各项技术指标条文的规定,按其执行的严格程度,在用词上采用了以下写法,请使用者充分考虑地区之间的发展差别,以及各地域的自然、地理、地质条件的特殊性和差异性,并结合工程项目的具体情况运用。

细则条文用词:

1 表示很严格,非这样做不可的用词:

正面词采用“必须”;反面词采用“严禁”。

2 表示严格,在正常情况下应这样做的用词:

正面词采用“应”;反面词采用“不应”或“不得”。

3 表示允许有选择,有条件时首先应这样做的用词:

正面词采用“宜”;反面词采用“不宜”。

4 表示允许有选择的用词:

正面词采用“可”。

公路工程现行标准、规范、规程、指南一览表

（2015 年 7 月版）

序号	类别		编　　号	书名（书号）	定价（元）
1	基础		JTG A02—2013	公路工程行业标准制修订管理导则（10544）	15.00
2			JTG A04—2013	公路工程标准编写导则（10538）	20.00
3			JTJ 002—87	公路工程名词术语（0346）	22.00
4			JTJ 003—86	公路自然区划标准（0348）	16.00
5			JTG B01—2014	公路工程技术标准（活页夹版，11814）	98.00
6			JTG B01—2014	公路工程技术标准（平装版，11829）	68.00
7			JTG B02—2013	公路工程抗震规范（11120）	45.00
8			JTG/T B02-01—2008	公路桥梁抗震设计细则（1228）	35.00
9			JTG B03—2006	公路建设项目环境影响评价规范（0927）	26.00
10			JTG B04—2010	公路环境保护设计规范（08473）	28.00
11			JTG/T B05—2004	公路项目安全性评价指南（0784）	18.00
12			JTG B05-01—2013	公路护栏安全性能评价标准（10992）	30.00
13			JTG B06—2007	公路工程基本建设项目概算预算编制办法（06903）	26.00
14			JTG/T B06-01—2007	★公路工程概算定额（06901）	110.00
15			JTG/T B06-02—2007	★公路工程预算定额（06902）	138.00
16			JTG/T B06-03—2007	★公路工程机械台班费用定额（06900）	24.00
17			交通部定额站 2009 版	公路工程施工定额（07864）	78.00
18			JTG/T B07-01—2006	公路工程混凝土结构防腐蚀技术规范（0973）	16.00
19			交通部 2007 年第 30 号	国家高速公路网相关标志更换工作实施技术指南（1124）	58.00
20			交通部 2007 年第 35 号	收费公路联网收费技术要求（1126）	62.00
21			JTG B10-01—2014	公路电子不停车收费联网运营和服务规范（11566）	30.00
22			交通运输部 2011 年	公路工程项目建设用地指标（09402）	36.00
23	勘测		JTG C10—2007	★公路勘测规范（06570）	28.00
24			JTG/T C10—2007	★公路勘测细则（06572）	42.00
25			JTG C20—2011	公路工程地质勘察规范（09507）	65.00
26			JTG/T C21-01—2005	公路工程地质遥感勘察规范（0839）	17.00
27			JTG/T C21-02—2014	公路工程卫星图像测绘技术规程（11540）	25.00
28			JTG/T C22—2009	公路工程物探规程（1311）	28.00
29			JTG C30—2015	公路工程水文勘测设计规范（12063）	70.00
30	设计	公路	JTG D20—2006	★公路路线设计规范（0996）	38.00
31			JTG/T D21—2014	公路立体交叉设计细则（11761）	60.00
32			JTG D30—2015	公路路基设计规范（12147）	98.00
33			JTG/T D31—2008	沙漠地区公路设计与施工指南（1206）	32.00
34			JTG/T D31-02—2013	公路软土地基路堤设计与施工技术细则（10449）	40.00
35			JTG/T D31-03—2011	★采空区公路设计与施工技术细则（09181）	40.00
36			JTG/T D31-04—2012	多年冻土地区公路设计与施工技术细则（10260）	40.00
37			JTG/T D32—2012	公路土工合成材料应用技术规范（09908）	42.00
38			JTG D40—2011	★公路水泥混凝土路面设计规范（09463）	40.00
39			JTG D50—2006	★公路沥青路面设计规范（06248）	36.00
40			JTG/T D33—2012	公路排水设计规范（10337）	40.00
41		桥隧	JTG D60—2004	公路桥涵设计通用规范（05068）	24.00
42			JTG/T D60-01—2004	公路桥梁抗风设计规范（0814）	28.00
43			JTG D61—2005	公路圬工桥涵设计规范（0887）	19.00
44			JTG D62—2004	公路钢筋混凝土及预应力混凝土桥涵设计规范（05052）	48.00
45			JTG D63—2007	公路桥涵地基与基础设计规范（06892）	48.00
46			JTJ 025—86	公路桥涵钢结构及木结构设计规范（0176）	20.00
47			JTG/T D65-01—2007	公路斜拉桥设计细则（1125）	28.00
48			JTG/T D65-04—2007	公路涵洞设计细则（06628）	26.00
49			JTG D70—2004	公路隧道设计规范（05180）	50.00
50			JTG/T D70—2010	★公路隧道设计细则（08478）	66.00
51			JTG D70/2—2014	公路隧道设计规范　第二册　交通工程与附属设施（11543）	50.00
52			JTG/T D70/2-01—2014	公路隧道照明设计细则（11541）	35.00
53			JTG/T D70/2-02—2014	公路隧道通风设计细则（11546）	70.00
54		交通工程	JTG D80—2006	高速公路交通工程及沿线设施设计通用规范（0998）	25.00
55			JTG D81—2006	★公路交通安全设施设计规范（0977）	25.00
56			JTG/T D81—2006	★公路交通安全设施设计细则（0997）	35.00
57			JTG D82—2009	公路交通标志和标线设置规范（07947）	116.00
58		综合	交公路发〔2007〕358 号	公路工程基本建设项目设计文件编制办法（06746）	26.00
59			交公路发〔2007〕358 号	公路工程基本建设项目设计文件图表示例（06770）	600.00

续上表

序号	类别		编　　号	书名(书号)	定价(元)
60	检测		JTG E20—2011	公路工程沥青及沥青混合料试验规程(09468)	106.00
61			JTG E30—2005	公路工程水泥及水泥混凝土试验规程(0830)	32.00
62			JTG E40—2007	★公路土工试验规程(06794)	79.00
63			JTG E41—2005	公路工程岩石试验规程(0828)	18.00
64			JTG E42—2005	公路工程集料试验规程(0829)	30.00
65			JTG E50—2006	★公路工程土工合成材料试验规程(0982)	28.00
66			JTG E51—2009	公路工程无机结合料稳定材料试验规程(08046)	48.00
67			JTG E60—2008	公路路基路面现场测试规程(07296)	38.00
68			JTG/T E61—2014	公路路面技术状况自动化检测规程(11830)	25.00
69	施工	公路	JTG F10—2006	公路路基施工技术规范(06221)	40.00
70			JTG/T F20—2015	公路路面基层施工技术细则(12367)	45.00
71			JTG/T F30—2014	公路水泥混凝土路面施工技术细则(11244)	60.00
72			JTG/T F31—2014	公路水泥混凝土路面再生利用技术细则(11360)	30.00
73			JTG F40—2004	公路沥青路面施工技术规范(05328)	38.00
74			JTG F41—2008	公路沥青路面再生技术规范(07105)	25.00
75		桥隧	JTG/T F50—2011	★公路桥涵施工技术规范(09224)	110.00
76			JTG/T F81-01—2004	公路工程基桩动测技术规程(0783)	20.00
77			JTG F60—2009	公路隧道施工技术规范(07992)	42.00
78			JTG/T F60—2009	公路隧道施工技术细则(07991)	58.00
79		交通	JTG F71—2006	★公路交通安全设施施工技术规范(0976)	20.00
80			JTG/T F72—2011	公路隧道交通工程与附属设施施工技术规范(09509)	35.00
81	质检安全		JTG F80/1—2004	公路工程质量检验评定标准　第一册　土建工程(05327)	46.00
82			JTG F80/2—2004	公路工程质量检验评定标准　第二册　机电工程(05325)	26.00
83			JTG G10—2006	公路工程施工监理规范(06267)	20.00
84			JTG F90—2015	公路工程施工安全技术规程(12138)	68.00
85	养护管理		JTG H10—2009	公路养护技术规范(08071)	49.00
86			JTJ 073.1—2001	公路水泥混凝土路面养护技术规范(0520)	12.00
87			JTJ 073.2—2001	公路沥青路面养护技术规范(0551)	13.00
88			JTG H11—2004	公路桥涵养护规范(05025)	30.00
89			JTG H12—2015	公路隧道养护技术规范(12062)	60.00
90			JTG H20—2007	公路技术状况评定标准(1140)	15.00
91			JTG/T H21—2011	★公路桥梁技术状况评定标准(09324)	46.00
92			JTG H30—2015	公路养护安全作业规程(12234)	90.00
93			JTG H40—2002	公路养护工程预算编制导则(0641)	9.00
94	加固设计与施工		JTG/T J21—2011	公路桥梁承载能力检测评定规程(09480)	20.00
95			JTG/T J22—2008	公路桥梁加固设计规范(07380)	52.00
96			JTG/T J23—2008	公路桥梁加固施工技术规范(07378)	30.00
97	改扩建		JTG/T L11—2014	高速公路改扩建设计细则(11998)	45.00
98			JTG/T L80—2014	高速公路改扩建交通工程及沿线设施设计细则(11999)	30.00
99	造价		JTG M20—2011	公路工程基本建设项目投资估算编制办法(09557)	30.00
100			JTG/T M21—2011	公路工程估算指标(09531)	110.00
1	技术指南		交公便字〔2006〕02 号	公路工程水泥混凝土外加剂与掺合料应用技术指南(0925)	50.00
2			交公便字〔2006〕02 号	公路工程抗冻设计与施工技术指南(0926)	26.00
3			厅公路字〔2006〕418 号	公路安全保障工程实施技术指南(1034)	40.00
4			交公便字〔2009〕145 号	公路交通标志和标线设置手册(07990)	165.00

注:JTG——公路工程行业标准体系;JTG/T——公路工程行业推荐性标准体系;JTJ——仍在执行的公路工程原行业标准体系。

带“★”的表示有勘误,详见中国交通运输标准服务平台 www.yuetong.cn/bzfw。